60分でわかる! THE BEGINNER'S GUIDE TO SUBSCRIPTION BUSINESS MODEL

サブスクリプション

リンクアップ 著
株式会社サブスクリプション総合研究所
宮崎琢磨 監修

技術評論社

Contents

Chapter 1
いま注目!　新世代の継続課金ビジネス

Chapter 2
すでに主流に!　サブスクビジネスの先進・成功例

Chapter 3
ここにチャンス！　サブスクマーケットの分析

Chapter 4
失敗しない！　サブスクビジネス実践の基本

Chapter 5
顧客の心をつかむ！　BtoCサブスク成功の法則

Chapter 6
大きな可能性!　BtoBサブスク成功の法則

Chapter 7
新たな価値へ!　進化するサブスクのかたち

Chapter 1

いま注目!
新世代の継続課金ビジネス

001

話題のサブスクリプションとは？

買い切りからサブスクリプションへとシフトする時代

00年代以降、ビジネスの分野では「サブスクリプション」（Subscription）という収益モデルが注目を集め、ここ数年でさまざまな業界で急速に導入が進んでいます。ひと言でいえば消費者が**製品やサービスの使用権を定期購入する収益モデル**を指します。

従来の一般的な収益モデルは、製品を購入して永続的に所有権を得る「買い切り」モデルです。ものによっては一定期間のサポートや保証が設けられていますが、買い切りでは基本的には購入した時点で企業と消費者の関係性は終わります。そのため、故障したり新しい製品が販売されたりしたら買い直すという行動のくり返しが、これまでは一般的でした。しかし、不況や節約志向などの背景から、国内外問わず製品が売れない時代になってきました。市場の大幅な拡大は見込めなくなってきたのです。

一方のサブスクリプションは、契約期間のみ製品を使用できるサービスです。買い切りのように「所有」せずに**必要なときに必要な分だけ製品やサービスを使い、不要になったら契約を終了できるため、合理的で無駄がありません**。契約期間を過ぎると当然製品を使用できませんが、契約期間中は万全のサポートを受けられるうえ、常に最新の製品を利用できるメリットもあります。事業者にとっても、消費者と長期的な関係を構築することで、**継続的に顧客数を予測でき安定して収益を生み出せる**メリットがあります。消費者と事業者双方のメリットがマッチする時代だからこそ、サブスクリプションが求められているのです。

買い切りとサブスクリプションの違い

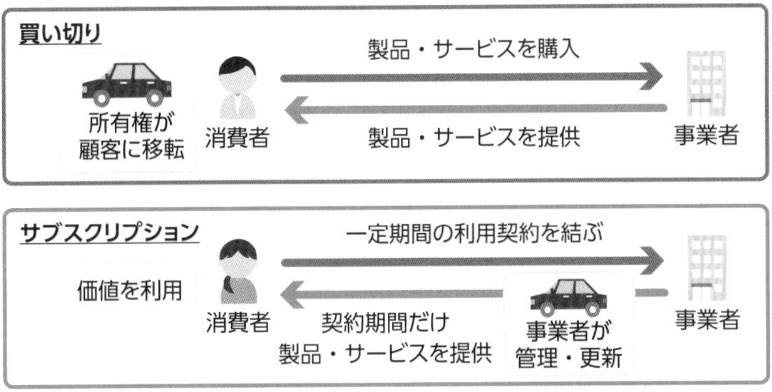

		買い切り		サブスクリプション
支払い方法		購入時に一時払い		月額または年額での支払い
サポート・保証		指定された期間のみ対応		契約期間中は常時対応
メリット	消費者	・製品を所有できるので、好きなときに利用できる	消費者	・初期費用が安い ・契約期間中は万全のサポートや保証を受けられる ・常に最新の製品を利用できる
	事業者	・販売時点で大きな利益を得られる	事業者	・長期的な利益を得られる ・製品やサービスを改善できる
デメリット	消費者	・初期費用が高額 ・サポートや保証期間が終了したり、製品が古くなったりしたら買い直しが必要	消費者	・契約期間が終了したら利用できない。製品やサービスによっては返却も必要 ・使用しなくても料金が発生する
	事業者	・消費者との関係性は短期的 ・ユーザーニーズが把握しにくい	事業者	・短期的な利益は少ない

▲買い切りでは初期費用が高額になったり買い直しが必要になったりするが、サブスクリプションでは最新の製品を必要な分だけ使用できて合理的だ。

002
古くて新しい新聞の定期購読からパケ・ホーダイまで

時代とともに移り変わってきたサブスクリプション

サブスクリプションにはさまざまな形態があります。呼び方は最近のものですが、ビジネスの形態としては実は古くからありました。その代表例が、新聞や雑誌などの定期購読です。消費者にとっては、**都度購入するよりも割安になるうえ、手間をかけずに確実に入手できる**メリットがあります。事業者にとっては、**長期契約を結ぶことで顧客を維持できるほか、読者層の把握や発行部数の予測もできる**ため、長く重宝されてきました。近年では、電子購読向けにタブレットなどの電子媒体とセットにする契約プランも増えています。しかしこうした形態は、情報媒体以外は食料品の頒布会など、限られた業種で展開されたにすぎませんでした。

日本国内においてサブスクリプション市場が拡大するきっかけの1つとなったのが、**NTTドコモが2004年6月から開始した定額サービス「パケ・ホーダイ」**です。パケ・ホーダイが登場したのは携帯電話が爆発的に普及していた頃で、携帯電話向けにインターネット上で多くのリッチコンテンツが登場しました。それにともない、1人当たりのパケット（通信量）が増加していましたが、当時は従量課金制が主流だったため、利用した分だけ料金を支払わなければならず、高額な料金を請求されて困窮する利用者が社会問題になるほど増えていました。そこに目を付けたNTTドコモは、1カ月に決められたパケットが定額で使い放題になる「パケ・ホーダイ」を提供したのです。**料金が上限を超えないという安心感から、多くのユーザーを獲得しました。**

サブスクリプションの変遷

従来の定期購読も時代とともに変遷

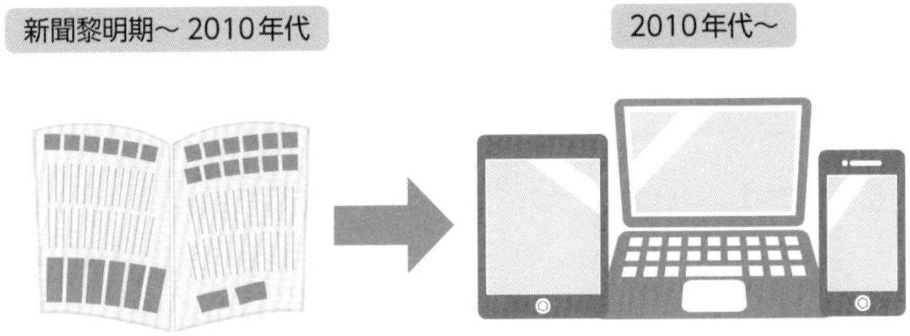

▲新聞や雑誌の定期購読は、一定期間の契約をすることで通常購読よりも割安の価格設定になる。公式販売のほか、代理店や新聞拡張員などさまざまな販売経路を持っており、場合によっては独自の景品を付けることもある。タブレットやスマートフォンが普及した近年は、電子購読向けに電子媒体とセットにした契約プランを提供する新聞社が増えている。

業界の方向性を決定付けた「パケ・ホーダイ」

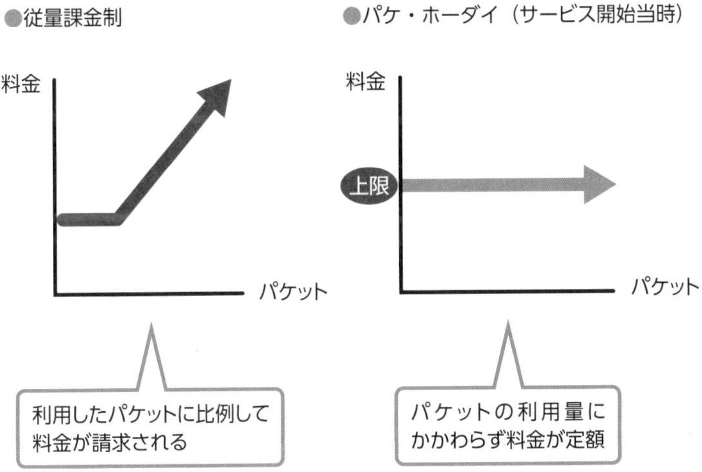

▲利用したパケットに応じて料金が請求される従量課金制が主流だった当時、定額制のパケ・ホーダイの登場は画期的だった。以降、ほかのキャリアや格安SIMでも順次あとを追うように定額制が導入され、携帯電話での情報サービスが普及するきっかけともなった。

003 デジタルトランスフォーメーションが普及の後押しに

デジタル技術で加速するサブスクリプション

サブスクリプションの拡大が進んだ最大の要因の1つは、インターネットの普及です。今や、通信はもちろん、電気、水道、ガスなどのインフラや、運輸、小売りに至るまで、あらゆる業種にインターネットが導入され、サービスの運用・利用が飛躍的に便利になりました。特に近年は、**オンライン上でサービスを提供する「クラウド」**や、**さまざまなモノがオンラインでつながる「IoT」、膨大な情報をオンラインで利活用できる「ビッグデータ」**などといったインターネット関連のデジタル技術の普及が著しく、サブスクリプションビジネスの発展を後押ししています。

たとえば企業が業務に使用するサーバーは、従来は高額の物理サーバー自体を購入して企業の建物内に設置する「オンプレミス」という形態が主流でした。ところがクラウドの普及によって、**物理サーバーを購入・設置しなくとも、クラウド上のオンライン化されたクラウドサーバーを利用できる**環境になりました。そのため、定額制などのサーバーのサブスクリプションサービスが導入しやすくなっているのです。

この例のように、インターネットが浸透し、デジタル技術によってビジネスやライフスタイルに大きな変革が起こることを**「デジタルトランスフォーメーション」（Digital Transformation、DX）**と呼びます。このデジタルトランスフォーメーションがビジネスや社会に浸透していくことで、サブスクリプションがさらにさまざまな業態に普及・拡大していくことが予想されます。

デジタルトランスフォーメーションによるサブスクリプション

デジタルトランスフォーメーション

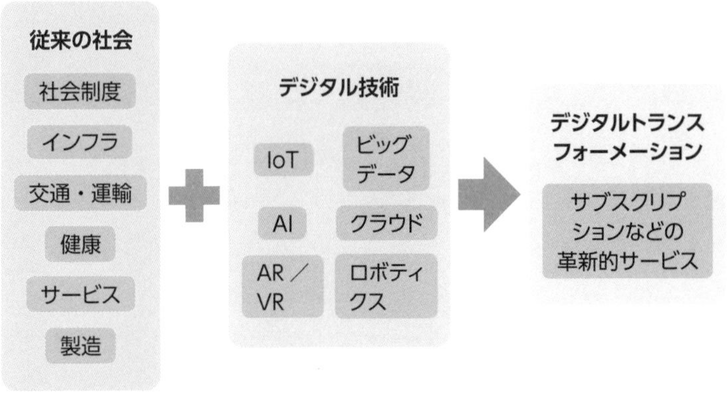

▲従来の社会やビジネスに、クラウドやIoT、AIやビッグデータなどのデジタル技術がかけ合わされることで、サブスクリプションなど新たなサービスが生まれていく。

サーバーのオンライン化

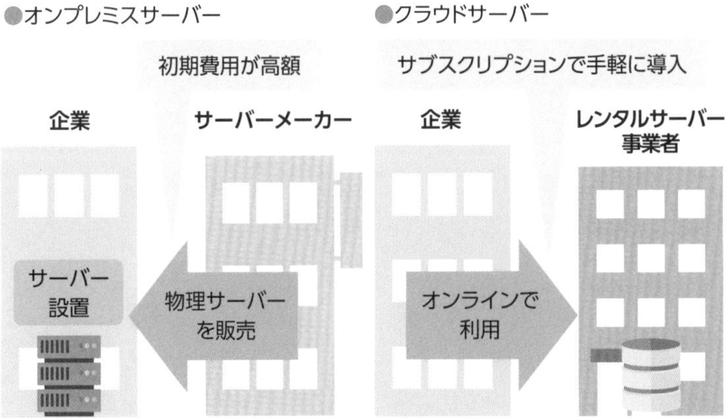

▲オンプレミスサーバーはメーカーから購入して社内に設置する必要があり、初期費用が高額になる。しかしクラウドが普及したことで、サーバーをオンラインでサブスクリプションとして利用することが可能になった。

004

モノの所有から価値の利用へという意識変革が浸透

長引く経済不況がもたらした価値観の変容

サブスクリプションが浸透してきた背景には、消費者の意識の変化があります。すでに所有している製品であっても、新しい製品が発売されたら買い替える――戦後の高度経済成長期以降、こうした消費意識が当たり前でした。しかしその後、1991年のバブル崩壊、2001年のITバブル崩壊などによって経済不況が続き、消費がめっきりと冷え込んでしまいます。そこに追い打ちをかけたのが、アメリカの住宅バブルの崩壊を招いた大手投資銀行のリーマン・ブラザーズの2008年の倒産、いわゆる**「リーマン・ショック」**です。この影響はアメリカから世界へと波及し、景気が低迷していた日本経済にも深刻な損害を与えました。その結果、それまでよりもさらにモノが売れなくなったのです。また、地球環境への問題意識の向上なども相まって、**すでにあるモノを大切に使ったり、モノを買わずにシェアしたりする節約意識が高まっていきました**。

こうした潮流にうまく乗って飛躍的に成長したのが、動画配信サービス「Netflix」（014参照）や、音楽配信サービス「Spotify」（015参照）などの、サブスクリプションビジネスです。動画や音楽など個々のコンテンツを買い切ると高額ですが、定額制のサブスクリプションなら、契約期間中は少額で多くのコンテンツを楽しめることから、爆発的な人気を得たのです。**両社の台頭は、「モノの所有から価値の利用」へと人々の意識を変革する、決定的な出来事**だったといえるでしょう。

モノが売れない時代の新しい価値観

リーマン・ショックによる不景気がきっかけに

リーマン・ブラザーズ破産を契機にアメリカ住宅バブル崩壊

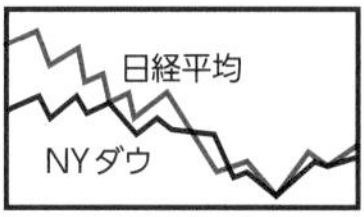

世界に波及し日本の株価も大幅下落

本格的にモノが売れない時代に

▲アメリカで住宅金利を引き上げた結果、住宅価格が下落し、2008年9月15日にサブプライム・ローンの筆頭投資銀行であった「リーマン・ブラザーズ」が破産。世界的に景気が悪化し、これまでに輪をかけてモノが売れなくなった。

モノの所有から価値の利用へ

●映画のDVDを購入する場合

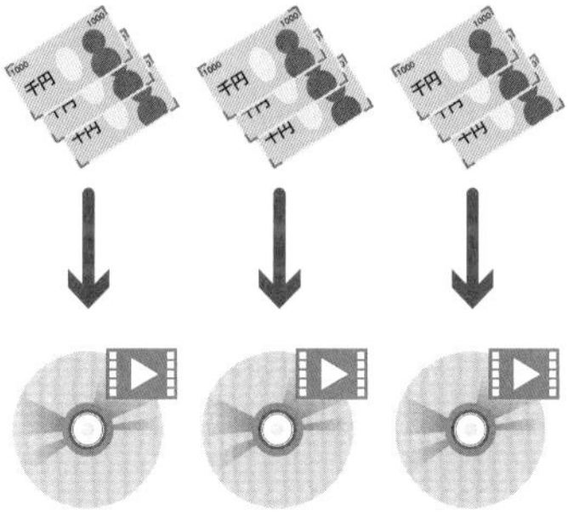

DVDは所有できるが鑑賞できるのは映画1本のみ

●サブスクリプションの場合

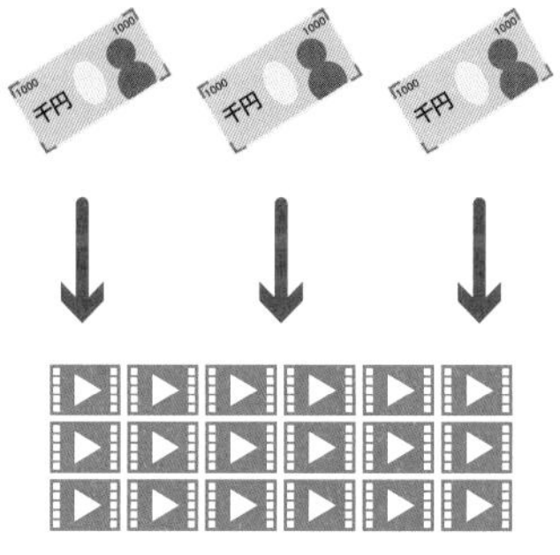

DVDはないが同じ金額で多くの映画を鑑賞可能！

▲モノを購入・所有すると、それが増えるほど保管・維持・処分のためのコストがかかる。そのため、価値そのものを享受することにお金を払い、豊富な選択肢から機会に応じて利用するという、合理的な価値観に変化していった。

005
いつも最新の製品が利用でき、顧客満足が向上

モノではないからこそできる最新の製品の提供

004で解説したように、00年代以降はモノに対する価値観が大幅に変わり、節約志向が高まりました。その一方、大量生産・大量消費時代に慣れきった消費者は飽きやすく、常に新しさを求める傾向もあります。つまりこれからの時代は、価格が割安だと感じさせることだけでなく、**消費者を飽きさせないよう常に新しい商品を提供し続けることも追及する必要がある**のです。

その点でも、モノ自体を売らないサブスクリプションは適しています。現在成功している多くのサブスクリプションビジネスは、こうした消費者のニーズに応えて、**契約期間中は常時新しい製品やサービスを提供する**ことを売りの1つにしています。たとえば自動車や家電などのレンタルサービスでは、最低利用期間さえ経過すれば、いつでも最新の製品に交換できるものが大半です。また、オンラインで提供されるソフトウェアサービス（SaaS）の場合、**契約期間中は最新のアップデートの利用が保証**されており、買い切りタイプのソフトウェアに搭載予定の新機能もいち早く利用できるものが少なくありません。

また、インターネットを利用して事業者が利用者のデータを収集・分析することで、**利用者のニーズを予測し、製品・サービスの改善や、新しい製品・サービスの開発に役立てやすいのもサブスクリプションのメリットです**。ただ単純に事業者が新商品を開発・販売するビジネススタイルよりも、サブスクリプションのほうが顧客満足度は飛躍的に高まるといえるでしょう。

消費者が求める新しさの提供

最新の製品・サービスの提供

●買い切りの場合　　　●サブスクリプションの場合

▲買い切りでは短期間で新製品に買い替えることは難しい。その一方、サブスクリプションなら常に最新の製品やサービスが利用できる。

フィードバックで最適な新製品を開発・提供

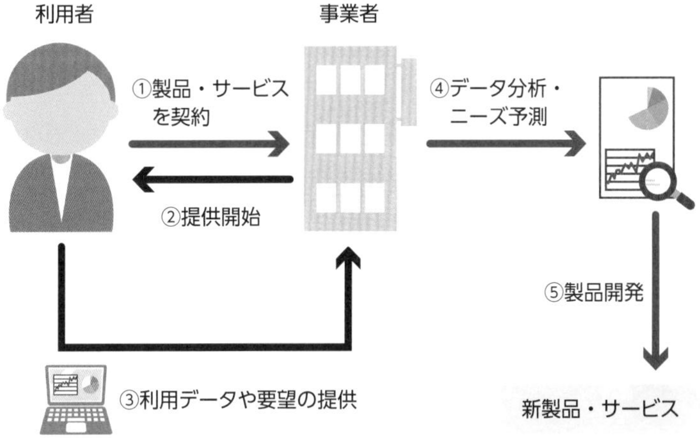

▲インターネットの普及により、利用データや要望などの活用が容易に。ニーズを予測したうえで利用者が求める新製品を開発し、再提供していく。

006
一時の高額出費より心理抵抗が低い「薄く長く」の課金

現在志向バイアスで財布の紐が緩みやすい

　本体丸ごとの価格が設定されている買い切りタイプの製品やサービスに対し、サブスクリプションの価格はひと目見ると「安い」と感じられることが多いものです。

　ここで、Microsoft Officeを例に見てみましょう。買い切りタイプの「Office Personal 2019」が32,784円、「Office Home & Business 2019」が38,284円である一方、サブスクリプションタイプの「Office 365」の価格は、月額1,284円ないし年額12,984円に設定されています。近年のOfficeアプリは3年前後のサイクルで新しいバージョンが発売されるため、買い切りタイプをそのつど新しいバージョンに買い替える場合と比較すると、実はサブスクリプションタイプのほうが高くつく可能性が高いのです。ところが月額1,274円と提示されると、**一見するとサブスクリプションタイプのほうが割安に感じられる**のではないでしょうか。仮にサブスクリプションタイプのほうが高くつくと計算でわかっても、いざ購入するとなると**一時的な高額出費が求められる買い切りタイプのほうにより強い抵抗を感じ**、あえてサブスクリプションタイプを選択したくなる人も多いのではないでしょうか。

　これは、行動経済学で「現在志向バイアス」と呼ばれる、人間心理のある種の特性によるものです。ひと言でいえば、**人間は長期的な損得よりも短期的な損得のほうを優先しがち**だというものです。そのため、少額ずつ課金するサブスクリプションは、消費者の財布の紐を緩めやすいのです。

Microsoft Officeのサブスクリプションの例

買い切りタイプとサブスクリプションタイプの比較表

製品名	Office 365 Solo（サブスクリプション）	Office Personal 2019（買い切り）	Office Home & Business 2019（買い切り）
価格	¥1,284／月 ¥12,984／年	¥32,784	¥38,284
ライセンス期間	契約期間中のみ	永続	永続
利用可能なOffice アプリ	Word、Excel、PowerPoint、Outlook、Publisher、Access	Word、Excel、Outlook	Word、Excel、PowerPoint、Outlook
同時利用可能端末	5台	2台（※Windowsのみ）	2台（※パソコンのみ）

※2019年12月現在

▲一見すると、一時的な支払いが少額のOffice 365 Soloのほうが割安に感じられる。さらにOffice 365 Soloのほうが条件がよい点も多いため、よりコストパフォーマンスが高く感じられる。

3年間利用した場合の価格の比較

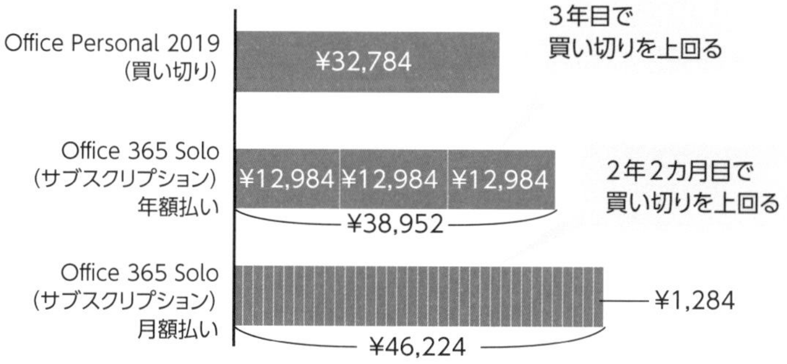

▲利用可能なOfficeアプリなどの条件が異なるため単純に比較できないが、価格面だけ見ると、3年間の利用額は実は買い切りタイプのほうが安い。

007
使い放題でなぜ利益が出る？収益構造のカラクリ

長く使ってもらうほど利益が出るサブスクリプション

事業者としてはコストを回収できる保証がないのに、買い切り製品と同等以上の価値を提供して、サブスクリプションは利益が出るのでしょうか。最初に断っておくと、サブスクリプションビジネスの短期的な収益化は困難です。**初期投資が大きい一方、利用者から得られる短期的な収益が小さいから**です。ただし、1回だけの支払いで終わる買い切りと異なり、サブスクリプションでは利用者の支払いが少額ずつ継続的に行われます。そのため、利用者の契約さえ続いていれば、**利用者の支払い額はある時点で、買い切りの場合の支払い額を超える**ことになります。製品やサービスによっては収益化まで数年かかる場合もあるでしょうが、利用者に長く使ってもらうほど、買い切りよりも利益が出る構造なのです。

そのため、利用者をいかに解約させず維持していくかを追求する必要があります。この課題をうまくクリアした例として、ネスレ日本のオフィス向けサービス「ネスカフェ アンバサダー」が挙げられます。2012年のサービス開始以降利用者を伸ばし、2019年8月時点で約46万人もの会員を獲得、今やネスレ日本の収益を支える柱となっています。同サービスは、通常購入すると1万円前後のコーヒーマシンが無料で使い放題になるかわり、定期的にコーヒーカートリッジや専用カプセルを購入する必要がありますが、**最低利用期間が設定されておらず、配送頻度もユーザーが自由に設定可能**で安心感があります。**管理費用、修理費用も一切発生しない**など、長く使いたくなる工夫によって利用者の長期継続利用を獲得したのです。

ネスカフェ アンバサダーの成功から見る収益化のポイント

ネスカフェ アンバサダーのしくみ

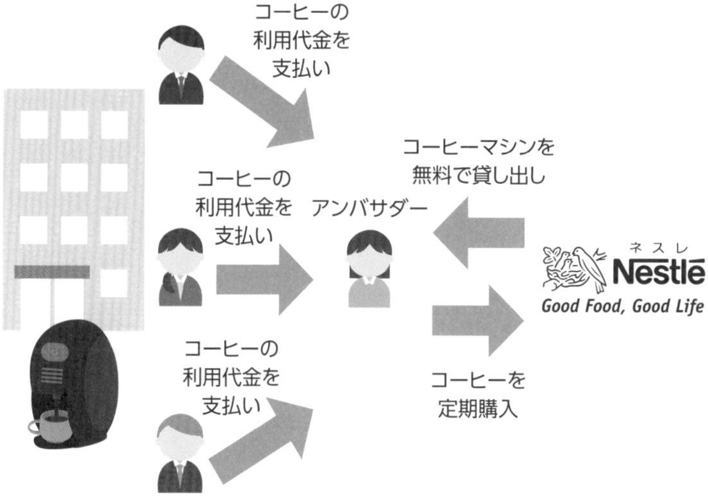

▲オフィスに「ネスカフェ」のコーヒーマシンを無料で貸し出し、専用のコーヒーカートリッジの定期購入と代金回収を「アンバサダー」と呼ばれるオフィスの代表者に行っててもらうビジネスモデル。経済性や利便性により多くのオフィスで受け入れられている。

長く使ってもらうための工夫

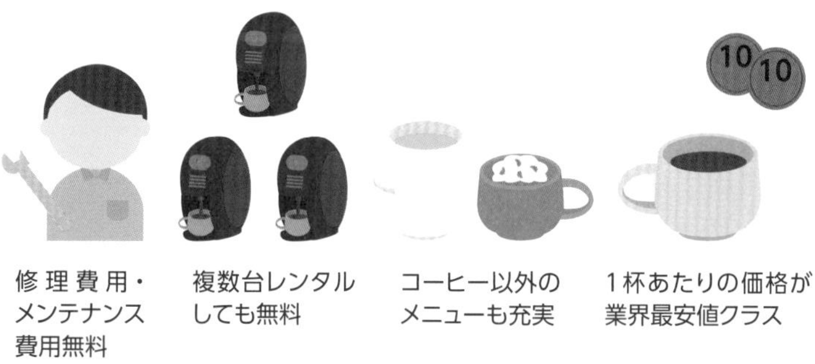

▲修理費用・メンテナンス費用は無料、複数台レンタルしても初期費用無料など、長く使ってもらうための手厚いサポートを充実させることで、長期の利用者を増やすことに成功した。

008
機能のアップデートで利用者との関係性をつなぐ

とりわけソフトウェアで魅力的なアップデートの提供を

消費者にとり、モノを買い切りで購入して所有する場合の大きなデメリットの1つは、**新しい製品への移行がスムーズにできないこと**です。とりわけ、アップデートのリリースサイクルが早いソフトウェア分野においては顕著です。

かつてパソコンやサーバーのOSは、現在のように頻繁に大規模なアップデートがなされるものではありませんでした。アプリケーションソフトもそれに合わせて、数年単位で運用するのが普通だったのです。しかし、00年代後半からインターネットで手軽に扱えるデータが大容量化し、新機能の追加などのOSの大規模なアップデートが容易になったため、**アプリケーションソフトもそれに呼応する形で、アップデートの規模や頻度を上昇させていった**のです。

これにより、特定のバージョンに長期間依存してもそこまで問題がなかった買い切りが、機能や安全面で急速に不利になります。最新のアップデートが常に提供されるサブスクリプションのメリットは、今や多くの利用者にとって無視できないほど大きなものとなっています。この状況を逆手に取って、**アプリケーションソフトの魅力的なアップデートをより高頻度で行う**ようにすれば、さらにサブスクリプションで利用するメリットが大きくなります。

このように、機能のアップデートの提供が保証されていることは、利用者に大きな安心感を与えると同時に、利用者とのつながりを維持する役割を果たします。こうした**安心感や利用者とのつながりを強化することで、より長い契約関係が確立されていく**のです。

重要性が増しているソフトウェアアップデート

以前のソフトウェアアップデート

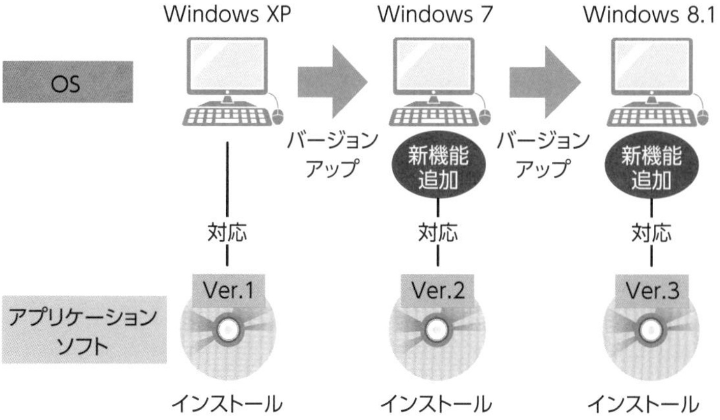

▲以前は、OSのバージョンアップに応じてアプリケーションソフトのバージョンアップが行われることが多かった。新機能の追加や脆弱性の修正をした新バージョンはパッケージで販売され、購入したユーザーはCD・DVDからインストールする。

サブスクリプションのソフトウェアアップデート

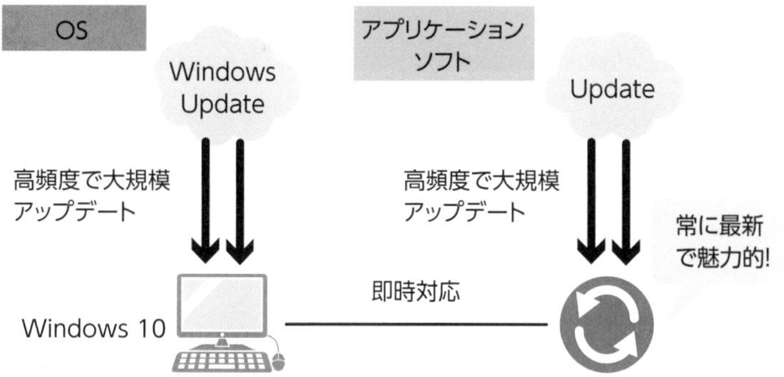

▲Windows 10ではインターネットによる大規模アップデートが頻繁に行われる。アプリケーションソフトのアップデートも大規模化・高頻度化しているが、サブスクリプションなら常に最新バージョンを利用できる。

009
使っても使わなくても事業者は継続的な収入が見込める

あまり使わなくとも損だと感じさせない工夫を

　買い切りで購入される製品やサービスの場合、購入・利用される回数が多ければ多いほど事業者の利益は大きくなります。しかしサブスクリプションの場合、事業者の収益面から見れば、契約している利用者に製品やサービスを多く利用してもらう必要はありません。**契約を継続さえしてもらえれば、その期間の収入が確実に見込める**からです。たとえば、同じ月額制のサブスクリプションサービスを利用しているAさんとBさんがいたとしましょう。Aさんは毎日のようにサービスを利用していますが、Bさんは1カ月のうち10日程度しか利用しないとします。しかし、**利用頻度の多寡にかかわらず、AさんにもBさんにも同じ月額料金が発生する**ことになります。

　このようにサブスクリプションは、その製品やサービスの利用頻度が高い利用者にとってはかなりお得です。その反面、利用頻度の低い利用者は損をしかねません。事業者からすれば、上記のBさんのような利用頻度の低い利用者は、サポートや修理に割くリソースを抑えてくれるため、ある意味では優良顧客といえるかもしれません。ただし、そのような利用者が対価に見合わないと思って解約すると、顧客数を減らしていくことになります。

　そこで、**利用頻度が低くても解約するほどではないと利用者が感じるような価格設定が非常に重要**になってきます。たとえば、利用頻度の低い利用者向けに、サービス内容に制約を設けた価格の安いプランを用意しておけば、それほど損とは感じさせず、解約のリスクを下げられるでしょう。

利用頻度や利用量による利用者の損得

利用者が使わなくても収益が出る

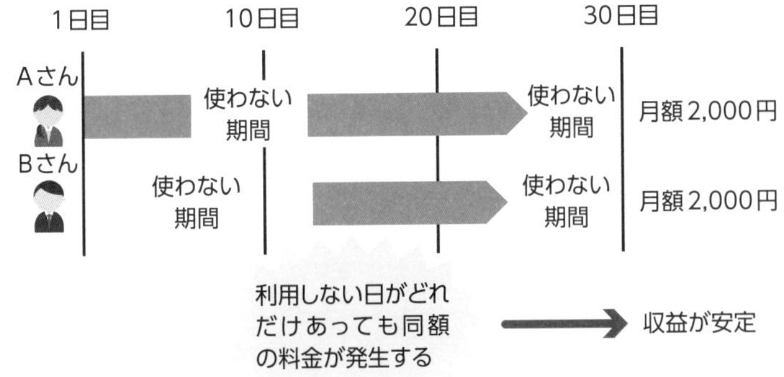

▲1カ月のうちAさんのサービス利用率が7割、Bさんの利用率が4割だとしても、同じ月額料金が発生するため収益が安定する。事業者視点では利用頻度が低いほうが修理・サポート費用を安く抑えられてよいが、利用率が低いBさんには解約される可能性が高い。

解約させないための価格設定はサブスクリプションの命題

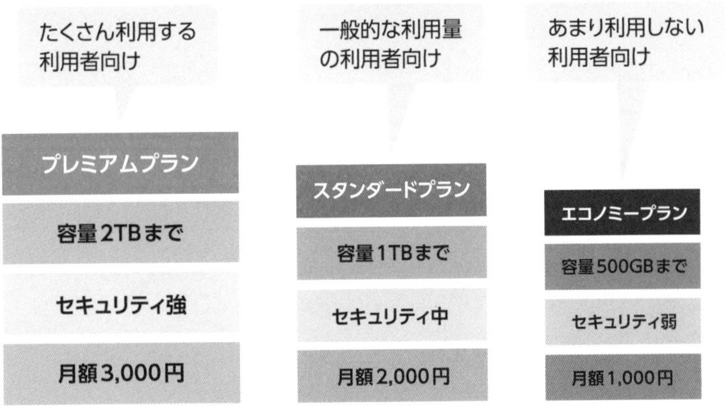

▲サブスクリプションが手頃な価格に設定されているのは、利用者が契約を維持しやすい価格を狙っているため。複数の価格のプランを用意して、利用頻度や利用量の低い利用者でも納得できる料金設定なら、解約される可能性をさらに下げられる。

010
現状維持バイアスで他社への乗り換えを防げる

乗り換えにメリットがあっても人間は現状維持しがち

現状のままではよくも悪くもならず停滞するだけだとわかっているにもかかわらず、新しい一歩を踏み出せないという経験は誰しもあるでしょう。これは、**大きな変化や未知のものに対して目を背け、現状を維持したくなる「現状維持バイアス」**という心理が作用するためです。

身近な例としては、スマートフォンのキャリア変更にまつわる心理状態が挙げられます。現在契約しているキャリアよりも料金が安いほかのキャリアがあるとわかっているにもかかわらず、かんたんに乗り換えない人は少なくありません。乗り換えの手間や、初めて使うキャリアに対する不安感などのデメリットが強く意識され、現状維持が優先されるのです。また現状維持バイアスは、現状のままでは損をするとわかっていても、保険を見直しにくくしたり、株を手放しにくくしたりもします。

こうした現状維持バイアスは、サブスクリプションビジネスの事業者にとって大変有利に働きます。たとえば企業が導入しているサービスを乗り換える場合、**移行費用だけでなく、新しいサービスの保守管理運用ができる人材を育てる時間と人件費などの負担も想定される**ため、なかなか乗り換えづらくなるのです。ほかのサービスに乗り換えたほうがメリットが大きいとわかっている場合でも、惰性で利用中のサービスを継続するケースも少なくありません。ただし、**他社のほうが明らかにメリットが大きいと現状維持バイアスが弱くなる**ことに注意しましょう。

現状維持バイアスのしくみ

ビジネスにおける現状維持バイアス

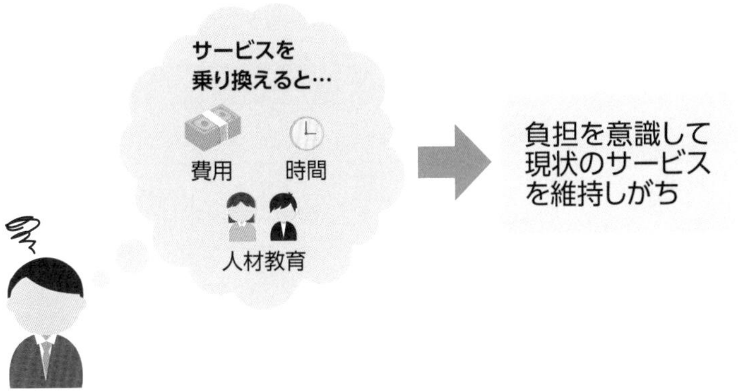

▲ビジネス分野において新たな製品やサービスを導入する場合は、費用・時間・人材教育などの負担が発生するため、現状維持をよしとする傾向が強い。裏を返せば、一度導入さえしてもらえれば現状維持バイアスが働き、他社への乗り換えを防ぎやすい。

メリットの大きさで現状維持バイアスは弱くなる

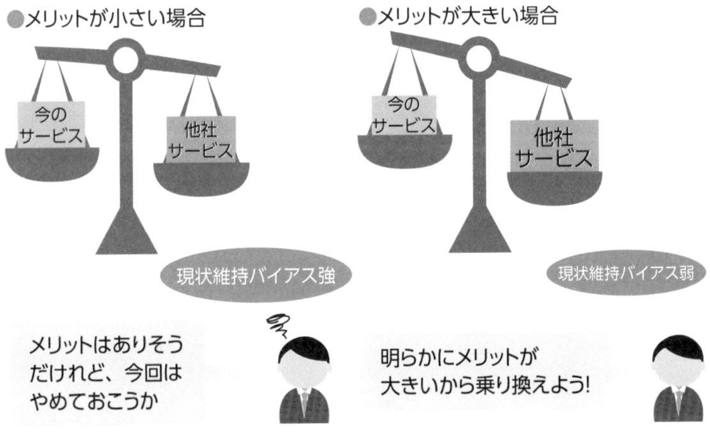

▲乗り換えにメリットがあっても現状維持バイアスが働いて乗り換えにくいが、明らかにメリットが大きいと乗り換えやすくなる。競合他社とのバランスが重要だ。

011
高い利益率と再投資による スケーリングのチャンス

モノの生産費用と中間業者のマージンが不要に

007で解説したように、サブスクリプションでは利用者の契約を長く維持できれば、買い切りのビジネスよりも高い利益率を期待できます。とりわけ、デジタルトランスフォーメーションによってモノの販売から脱却したビジネスなどでは、**モノの生産費用が削減できる分、利益率をより高めやすくなります**。たとえば、ソフトウェアをCDで販売する従来のスタイルから、クラウド上でソフトウェアサービスをサブスクリプションで提供するスタイルに変えれば、CDの生産やパッケージの流通費用が浮くことになります。さらにこの場合、卸売りや小売りの業者を挟まずに、インターネットを通じて消費者へとダイレクトに販売できるようになるため、**中間業者へのマージンも浮く**ことになります。

もっとも、サブスクリプションのシステム構築には投資が必要です。しかし、**各社が展開しているサブスクリプション専用のプラットフォーム**を利用すれば、この費用を抑えてビジネスをサブスクリプション化し、より効率的に収益を上げることが可能です。サービス料はかかりますが、従来のモノの生産費用と中間業者のマージンを考えれば、ずっと安上がりなのです。

こうしてビジネスをうまくサブスクリプション化し、買い切りビジネスにはない高い利益率を実現できれば、**安定した収益から再投資できる好循環が生まれる**ことでしょう。よりよい製品・サービスを開発したり、販路を拡大したりすることで、ビジネスの質と規模が好転していくのです。

高い利益率で好循環が生まれる

サブスクリプション化による利益率の好転

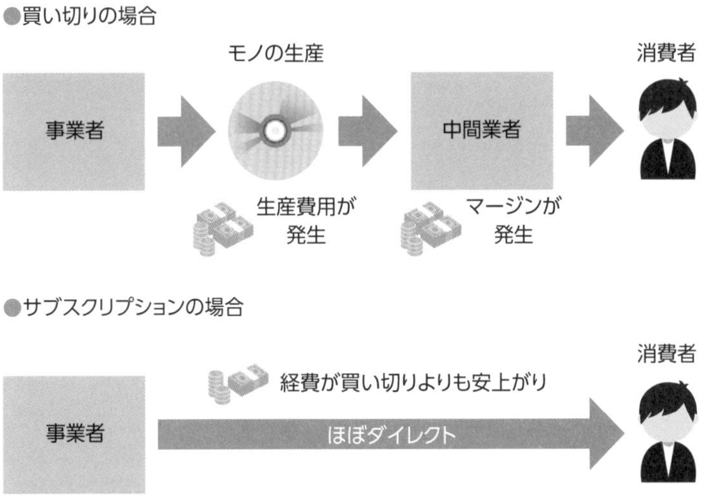

▲買い切りではモノの生産費用や中間業者のマージンが発生するケースが多いが、サブスクリプションでは消費者へほぼ直接販売できるため、そうした経費が最小限に抑えられ、利益率が高くなる。

再投資によるスケーリング

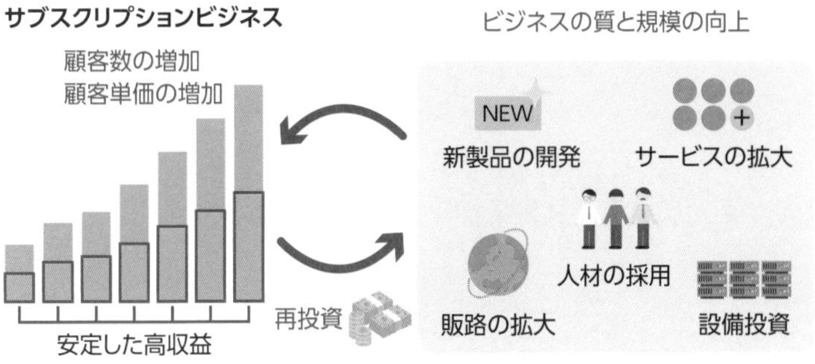

▲サブスクリプション化により実現した高収益で、ビジネスに再投資することで、ビジネスをさらに好転させていくことが可能になる。

012
初期投資から回収までのリードタイムがかかる

リードタイムを考慮してビジネスモデルを考える

サブスクリプションビジネスを開始した時点では利用者数が少ないうえに、短期間の収入は少ないため、すぐに利益にはつながりません。**投資費用を回収するまでの「リードタイム」**は、ビジネスのサブスクリプション化を計画するうえで必ず考慮しておく必要があります。リードタイムはビジネス形態によって異なりますが、**一般的には1人当たり1年～2年ほど契約を継続してもらうことが目安**とされています。

たとえば、**本来2万円の製品を月額1,000円で好きなだけ利用できるサブスクリプションモデルの場合、本来の販売価格の回収には単純計算で最低1年8カ月かかります**。この期間の修理費用やサポート費用、マーケティング費用なども含めると、さらに回収には時間がかかります。このような「損益分岐点」を予測し、綿密な計画を立ててしっかりと準備しておけば、リードタイムを乗り切り、買い切り以上の収益が継続的に発生する理想的な状況に入ります。

なお、リードタイムを短縮するにはマーケティング費用を減らすことが単純に思い付きますが、慎重な判断が必要です。このような場合は、**マーケティングの費用対効果を数値化する「ROI」(Return on Investment、投資収益率）の算出が有効**です。ROIが高ければ高いほどマーケティングが成功していることを指しており、100%を下回ると赤字を意味します。ROIを意識することで、適宜マーケティングへの投資を最適化しましょう。

リードタイムを乗り切るまでが大切

利用者や契約期間が増えるほどリードタイムが短縮される

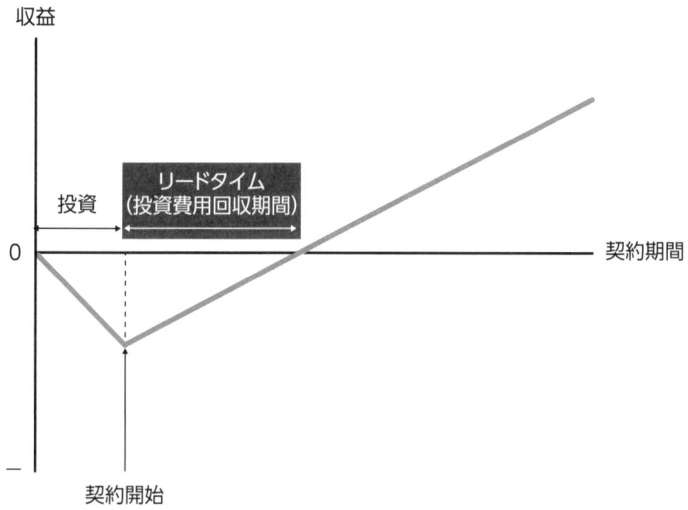

▲ほとんどの場合は、最初に開発費用やマーケティング費用などが発生するため赤字からのスタートとなる。利用者を増やして継続的に利用してもらうことで、リードタイムを乗り切り、安定的な収益へとつなげることができる。

マーケティングの費用対効果をROIで算出する

$$\mathrm{ROI}(\%)=\frac{\text{売り上げ}-\text{売り上げ原価}-\text{マーケティング費用}}{\text{マーケティング費用}}$$

▲ROIを算出すればマーケティング費用が適切かどうかを算出できる。マーケティング費用の増減でリードタイムを短縮できる可能性があるので、定期的に算出しておきたい。

Column

サブスクリプションとリカーリングの違い

狭義でサブスクリプションと区別される、「リカーリング」（Recurring）と呼ばれるビジネスモデルがあります。リカーリングには「くり返す」「循環する」という意味があり、顧客と長期的に取引を行い安定利益を得られる点ではサブスクリプションと共通していますが、使った分だけ料金を支払う従量課金形態のシステムという違いがあります。代表的な例でいえば、水光熱費などのライフラインや電話料金などです。リカーリングは景気に変動されにくく、比較的自由に価格を設定できるため安定的な収益になります。しかし、利益は利用量に応じるために変動が激しいほか、他社との差別化が難しいデメリットも存在します。なお、広義のサブスクリプションにはリカーリングも含まれ、本書でもリカーリングを含めてサブスクリプションとしています。

身近なリカーリングビジネスの例

▲消費者の利用率によって利益が変動するものの、長期的な収益を得られるのがリカーリングビジネスの特徴だ。

Chapter 2

すでに主流に!　サブスクビジネスの先進・成功例

013
最新ソフトがいつでも使える～AdobeとMicrosoft

老舗ソフトが踏み切ったサブスクリプション化

ソフトウェアのサブスクリプションの礎を築いた事例として外すことができないのが**Adobe**です。「Photoshop」「Illustrator」といったクリエイティブな業務に欠かせない製品を開発・販売していますが、買い切り製品の提供サイクルでは、目まぐるしく進化するIT環境への対応が不十分になっていきました。そこで同社は2012年**「Adobe Creative Cloud」というサブスクリプション**を発表、翌年には買い切り製品からの全面移行を推し進めます。当初はユーザーから戸惑いの声も多くありましたが、高価なソフトウェアを**安価な月額・年額料金で自由に使えるうえ、最新版をすぐ使える**メリットが次第に認知されます。この思い切った戦略を機に、同社のソフトウェア事業は安定して成長します。

これを見たソフトウェア開発各社は、サブスクリプションへと一斉に雪崩を打ちます。ビジネスで標準的な「Word」「Excel」を含むOfficeソフト「Microsoft Office」を販売する**Microsoftも、サブスクリプションの「Office 365」**(006参照)の販売を本格化します。現在は買い切りとサブスクリプションの両輪で収益を上げています。ほかにもCAD業界標準の「AutoCAD」を販売する**Autodeskも、2016年にサブスクリプションに全面移行**しています。

ソフトウェアは30年以上にわたって記録メディアで店頭販売されてきました。いまはオンラインで契約しダウンロードして、すぐ使えるのが当たり前です。サブスクリプション化の成功が、ソフトウェア購入の常識を変えることになったのです。

成功の秘訣は格安料金で最新版が使えること!

クラウド機能も魅力のAdobe Creative Cloud

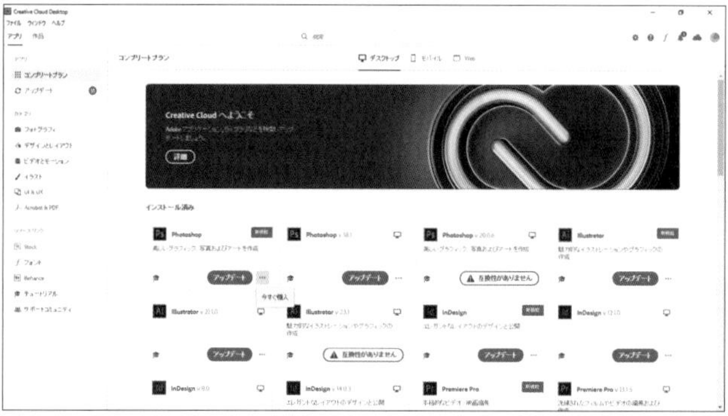

▲用途に合わせ、「フォトプラン」「単体プラン」「コンプリートプラン」の3種類のプランが用意されたAdobe Creative Cloud。買い切りでは高額ゆえに最新版への移行にハードルがあったが、少額から快適な最新版が常時使えるAdobe Creative Cloudは新規顧客を含め人気を集めている。また、写真やイラスト、カラーパレット、ブラシなどをクラウドで共有できる「Creative Cloud ライブラリ」が使えることも大きな魅力だ。

サブスクリプションに一本化したAutoCAD

▲まだ買い切りとサブスクリプションを併存させているソフトウェアが多いが、AutoCADは製品販売をサブスクリプションに一本化。こうしたサブスクリプションへの全面移行は、今後あらゆるソフトウェアで増えていくだろう。

014
アメリカではテレビより視聴時間が長い ~Netflix、Hulu

メディアのあり方を変えた定額制動画配信サービス

定額制動画配信サービスは、近年日本でも爆発的に会員数を伸ばしていますが、この分野における成功事例として欠かせないのが「Netflix」です。Netflixは、月額800円～1,800円という手頃な価格で、**映画・ドラマ・アニメなど約6,000作品がストリーミング配信で見放題になる**サービスです。創業当初は定額制でのDVDのレンタルサービスを行っていましたが、起業から10年後の2007年に、現在のようなストリーミング配信サービスを開始しました。この当時は、リーマン・ショックを発端に景気が低迷していた時期です（004参照）。**モノの所有から価値の利用へと人々の価値観が変わったことにより、Netflixのサービススタイルが急速に受け入れられていきました**。Netflixと双璧を成す人気動画配信サービス「Hulu」が起業したのも、この2007年です。Huluはテレビ局や映画会社が出資して設立されただけあり、**ドラマ・アニメ・バラエティを中心としたコンテンツを約6万作品も配信**しています。

2019年度時点の会員数は、Netflixで約1億5,100万人、Huluで約2,800万人にものぼります。全世界でもっともテレビの平均視聴時間が長いとされてきたアメリカで、今やこの2つのサービスは**テレビを上回る視聴時間を記録するほど普及**しています。テレビと異なり時間に縛られずに視聴できることも大きな魅力で、この2社はメディアのあり方を大きく変えました。ほかにもAmazonが提供する「Prime Video」、Appleの「Apple TV＋」、スポーツ中継の「DAZN」などがあり、映像配信は群雄割拠の情勢になっています。

テレビのデメリットを解消した定額制動画配信サービスが台頭

場所や時間に縛られず好きなときに視聴できる

●テレビの場合

場所と放送時間の制約あり

●動画配信サービスの場合

いつでもどこでも視聴可能!

▲テレビでの視聴は設置場所や放送時間に依存するが、多様化する現代のライフスタイルでは、この視聴スタイルはネックに。24時間365日好きなときに好きな場所で、スマホやタブレットさえあれば視聴できることも、NetflixとHuluが台頭した大きな理由だ。

高品質なコンテンツを高画質で視聴できる

●Netflix

高品質なオリジナルコンテンツを
多数制作・配信

●Hulu

テレビ局と提携し、人気ドラマなど
膨大なコンテンツを配信

▲Netflixは4Kに対応し、映画並みの製作費をかけた優れたオリジナル作品を多数制作・配信している。HuluはフルHDに対応し、テレビ局との連携を活かしたドラマなどのコンテンツ数が強み。新作映画でも公開終了から数カ月〜1年程度で視聴できるレスポンスの速さも両者の魅力だ。

015

音楽はストリーミングが当然に ～Spotify、Apple Music

海賊版の横行も定額制聴き放題の後押しに

音楽の定額聴き放題サービスでは、「Spotify」が世界的に有名です。約4,000万曲以上の音楽が聴き放題になるSpotifyは、2019年現在、全世界65カ国で2億3,200万人もの会員に利用されています。Spotifyが画期的だったのは、**一部を除く大半の機能を無料会員でも利用できる点**でしょう。多くの競合サービスでは、トライアル期間が過ぎると有料会員に移行しない限り音楽が聴けなくなってしまいますが、Spotifyは同サービス最大の魅力であるプレイリスト機能を無料でも利用でき、聴取可能な楽曲数の制限もありません。**無料のままでも便利だが、有料になればさらに便利になるという押し付けがましくないしくみ**が評価されたのです。

そんな音楽サブスクリプションの王者に攻勢をかけているのが、「Apple Music」です。**大手レーベルと提携し、業界でもトップクラスとなる約5,000万曲の楽曲が聴き放題**のサービスです。iPhoneなどを擁する巨大企業の強みを活かし、後発ながら全世界で5,000万人以上の有料会員を獲得し、右肩上がりに成長しています。

こうした音楽配信サービスが台頭した背景には、インターネットが普及した00年代以降の音楽CD売上の激減があります。違法アップロードも一因といわれますが、消費が多様化したことで従来のマスマーケティング戦略が成り立たなくなります。iPodなど携帯プレイヤーの普及もCDの意味を失わせました。そしてスマートフォンでどこでもつながる今、ストリーミング化は必然で、利用者は定額で合法的にたくさんの音楽を聴けるようになりました。

無料が魅力のSpotifyと楽曲数のApple Music

無料会員が多くても収益が出るSpotifyのしくみ

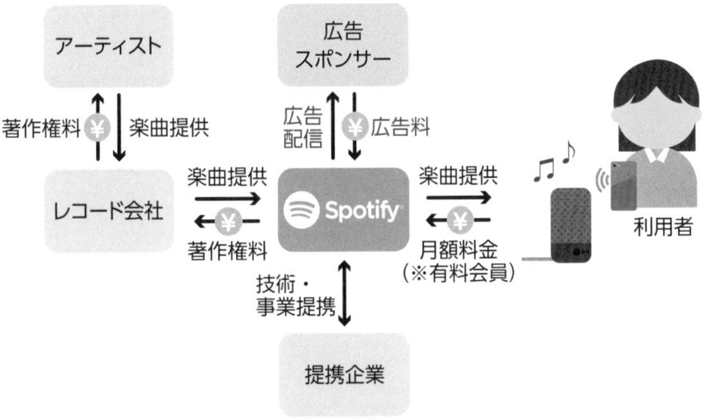

▲Spotify会員のうち、実は半数近くが無料会員。ただし無料会員には一定の頻度で広告が再生され、途中でスキップすることはできない。そのため広告価値が非常に高く、スポンサー契約を結ぶ企業が多い。広告がわずらわしければ月額料金を支払うことで非表示にできるため、Spotifyはどちらにしても収益を上げることができる。

SpotifyとApple Musicの比較

サービス名	Spotify	Apple Music
有料会員（月額）	480円（学生）／980円（個人）／1,480円（ファミリー）	480円（学生）／980円（個人）／1,480円（ファミリー）
無料会員制度	あり（※一部機能制限あり）	なし
無料トライアル	3カ月	3カ月
楽曲数	約4,000万曲	約5,000万曲
ビットレート	最大320kbps	最大256kbps

▲料金や無料トライアル期間など、双方ともお互いを意識して設定していることがわかる。Spotifyは無料会員制度があることが強みである一方、Apple Musicは約5,000万曲という圧倒的な楽曲数が魅力だ。

016 無限の本棚から選ぶ ～Kindle Unlimited、dマガジン

コンテンツの読み放題で電子書籍・雑誌市場も拡大

何万冊もの雑誌や書籍を、スマホやタブレットでいつでも読むことができる定額制の読み放題サービスも普及しています。この分野の開拓者は、世界的なオンラインショッピングサイトのAmazonが展開する「Kindle Unlimited」です。Amazonは長年にわたって電子書籍サービス「Kindle」を運営してきたノウハウを活かし、アメリカでは2014年、日本では2016年にこのサービスを開始しています。**月額980円で、和書12万冊、洋書120万冊以上が読み放題になる**とあって、日本のユーザーにも非常に歓迎されました。

一方、電子雑誌の読み放題サービスにおける代表例といえば、NTTドコモが運営する「dマガジン」です。2014年にサービスを開始し、1年後には早くも130万人もの会員を獲得しました。月額400円という非常に手頃な価格で、人気雑誌の最新刊250誌、バックナンバー1,600冊が読み放題になるコストパフォーマンスが人気の秘密です。書籍をメインコンテンツとするKindle Unlimitedと異なり、**dマガジンは雑誌や記事をメインコンテンツとしているため、住み分けもできています**。

電子書籍・雑誌は物理的な書籍・雑誌よりも安価とはいえ、たくさん購入するとやはり財布を圧迫します。**読み放題サービスは、そうした従来のダウンロード販売の弱点を解消してくれました**。こうしたメリットが際立つdマガジンとKindle Unlimitedが登場したことにより、停滞していた日本の電子書籍・雑誌市場は年々拡大傾向にあります。

Kindle Unlimitedとdマガジンが支える電子書籍・雑誌市場

それぞれの得意分野を活かし差別化

●書籍がメインのKindle Unlimited

●雑誌がメインのdマガジン

▲豊富な対象コンテンツの中から同時に10冊までダウンロードして読むことができるKindle Unlimitedと、安価な価格で日本の最新人気雑誌を読めるdマガジン。同じ定額制の読み放題サービスであっても強みとしているポイントが明確に異なるため、お互いのユーザー層は被らない。

定額制読み放題サービスによって拡大する電子書籍・雑誌市場

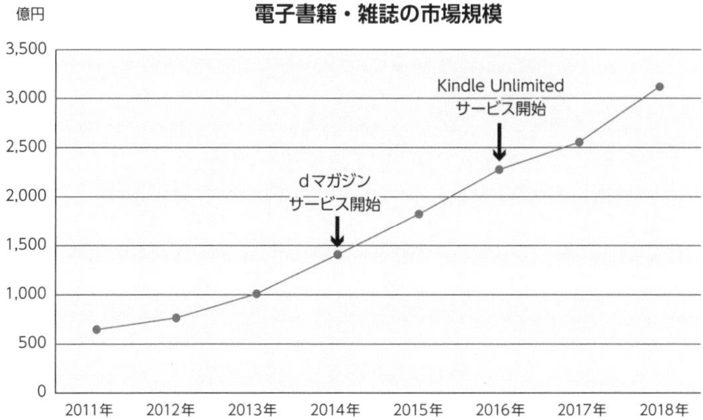

出典：インプレス総合研究所「電子書籍ビジネス調査報告書2019」
https://research.impress.co.jp/report/list/ebook/500711

▲2014年に登場したdマガジン、2016年に登場したKindle Unlimitedの後押しを受けて、電子書籍・雑誌の市場規模は年々増加している。2019年度以降も、緩やかに拡大していくことが予想されている。

017

新聞は紙からネットへ
～ニューヨーク・タイムズ

「タイムラグ」を解消し購読者数を伸ばす老舗新聞社

インターネットが普及し、電子コンテンツを手軽に読めるようになってからというもの、紙媒体市場の売り上げは世界的に減少しています。とりわけその影響を大きく受けたのが、新聞業界です。ニュースの内容がいかに優れていても、**印刷所で印刷した新聞が購読者の手元に届くまでには、どうしてもタイムラグが発生します**。インターネットが普及した現代は情報が瞬時に伝わるため、旧来型メディアのこうしたタイムラグは致命的といえる欠点となります。

アメリカの大手新聞社「ニューヨーク・タイムズ」は、この問題に対処するべく、業界に先駆けて格安料金で電子版の提供を開始しました。**Webブラウザやスマートフォン・タブレットで、手軽かつ高品質な情報をスピーディーに取得できることで、これまでの購読者に加えてネット世代の新たな顧客層も開拓**し、好調なスタートを切りました。スマートフォンやタブレットなどに最適化される購読環境の工夫などもあり、2018年末には電子版の有料購読者数が約271万人に達し、紙媒体の購読者数との割合が逆転するなど、同社が想定していた以上のスピードで右肩上がりに成長し続けています。

今、新聞業界など旧来型のメディアは大きな転換期を迎えています。この先これらの業界が生き残っていくためには、マスメディアならではの高品質な情報はそのままに、**ニューヨーク・タイムズのように電子版を充実させることが必要不可欠**でしょう。日本でも大手新聞各社が当然に電子版を提供するようになっています。

老舗ニューヨーク・タイムズが決断した電子版強化

快適な購読環境を格安料金でいち早く提供

●スマホアプリの画面

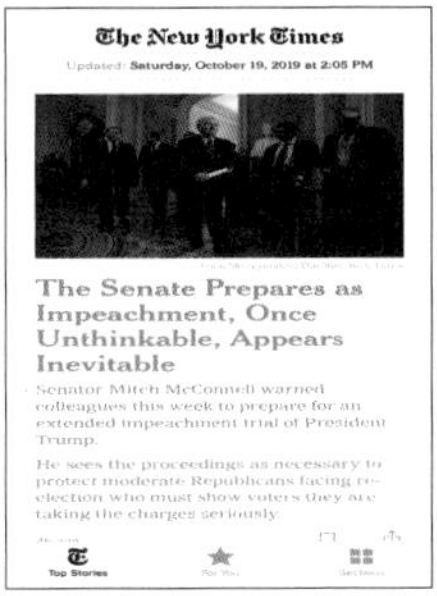

●タブレットアプリの画面

▲ニューヨーク・タイムズは、日本円で980円／月のベーシックプランをはじめ、複数の電子プランを展開。無料で読める記事も充実している。Webブラウザのほか、スマートフォンやタブレット向けに最適化される専用アプリもあり、読みやすさが追求されている。

大手読み放題サービスと提携して次の段階へ

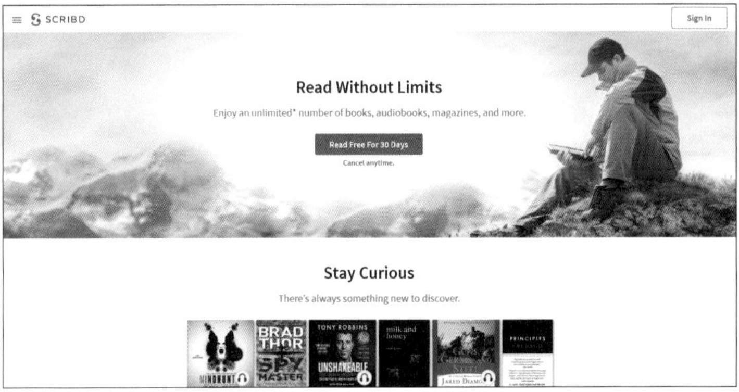

▲2018年10月には、アメリカの大手定額制読み放題サービス「Scribd」（月額12.99ドル）と提携。100万以上のコンテンツに、ニューヨーク・タイムズの記事が加わった。自社のみでのサブスクリプションビジネスも好調だが、それに甘んじず、こうした新規顧客開拓のための新たな挑戦も行っている。

018

家電は買わずに最新モデルを利用～Dyson、iRobot

高額家電を手頃な価格で試せる注目のサブスクリプション

日本でも人気の海外の掃除家電メーカーといえば、「吸引力が変わらないただ1つの掃除機」というキャッチフレーズでお馴染みの「Dyson」と、自動お掃除ロボット「ルンバ」で有名な「iRobot」です。この2社の製品は非常に高性能ですが、高額家電の代名詞でもあります。そんなブランド戦略の両メーカーが、自社の製品を試してもらうために手頃な価格でレンタルできるサブスクリプションサービスを開始し、大きな話題になりました。

Dysonは、ベータ版を経て2018年1月からサブスクリプションサービス「Dyson Technology+」を開始しました。製品それぞれに2年ないし3年の利用期間が定められており、月額1,000円～2,500円を支払うことで製品を使用できます。**事務手数料3,000円を支払えば途中で解約することも可能**で、携帯電話のように高額な違約金を請求されない安心感も人気を支えています。

iRobotは、2019年からサブスクリプションサービス「Robot Smart Plan」を開始しました。製品1機種につき月額1,200円～3,800円を支払うことで、好きなだけ製品を利用できます。**最低利用期間の12カ月間は原則解約や返品ができませんが、それ以降であれば違約金なしで好きなタイミングで解約できます。**

高額な上位モデルも格安料金で利用でき、いずれのサービスもかなりのお得感があります。両サービスが開始されてからまだ日は浅いですが、高額家電を試してみたい潜在顧客は多いとみられており、認知が高まっていけば大きな収益に結び付くでしょう。

掃除家電の黒船が赤字覚悟で開始したサブスクリプション

サブスクリプションサービスで認知向上を目指す

▲DysonとiRobotは近年の業績が非常に好調だが、さらなる売り上げ拡大と顧客獲得を図るためには、自社製品の魅力を幅広く認知してもらうことが欠かせない。手頃な価格で製品を試すことができるサブスクリプションサービスは、この認知向上にうってつけといえる。

高額な上位モデルも気軽に試すことができる

●Dyson Technology+

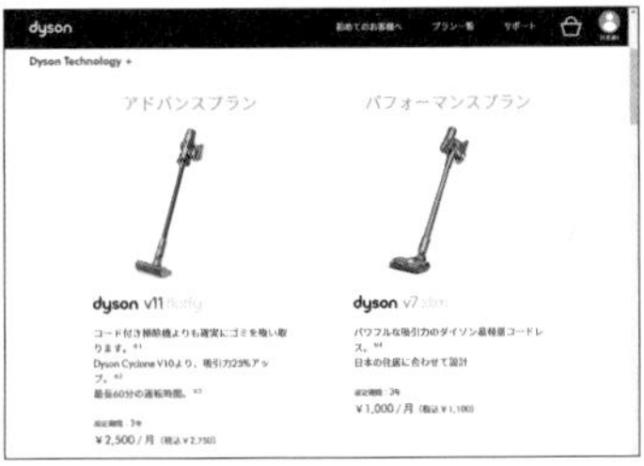

●Robot Smart Plan

▲DysonのDyson Technology+は、手頃な「パフォーマンスプラン」と、上位モデルがレンタルできる「アドバンスプラン」を用意。iRobotのRobot Smart Planは、機種の性能に応じて料金が3段階に分かれているほか、3年間レンタルすれば製品をもらうことができる特典も魅力だ。

019
ファッションはおしゃれ服からスーツまで～STITCH FIX、airCloset

服選びの悩みを解決するファッションサブスクリプション

ファッションにおけるサブスクリプションの先駆者は、2011年にサービスを開始したアメリカの「STITCH FIX」です。従来は服のレンタルといえば高価なドレス類が中心でしたが、同サービスはこうした固定概念を覆しました。STITCH FIXは、**20ドルという手頃な価格でトレンドのファッションをレンタルできる**ということに加え、サイズや好みなどいくつかの質問に回答することで、**AIやパーソナルスタイリストがコーディネートを提案してくれるスタイリングサービス**があることで評判となりました。とりわけ女性にとって、「毎日どんな服を着たらよいか」という悩みは尽きません。人によってはそうした悩みも楽しいでしょうが、実は苦痛に感じている人も少なくないのです。服はたくさんあるけれど組み合わせ方がわからない、トレンドが終わった服をクローゼットに置いておきたくない――STITCH FIXは、そうした悩みを一挙に解決することで、人気を博したのです。

日本のアパレル業界でも、近年はサブスクリプション化が進んでいます。20～40代の女性を主なターゲット層にしている「airCloset」のほか、服に加えて着物も取り扱う「Rcawaii」、2019年2月からサービスを開始したレンタルスーツサービスの「着ルダケ」（レナウン）など、取り扱う服の種類も含めて多様化しています。

近年は1人当たりの平均衣料費が減少傾向にありますが、**サブスクリプションなら定額で多様なファッションが楽しめる**ため、活用次第で衣料費の節約にも貢献します。

安くも多様なファッションサブスクリプション

リーマン・ショック以降の平均衣料費は減少傾向にある

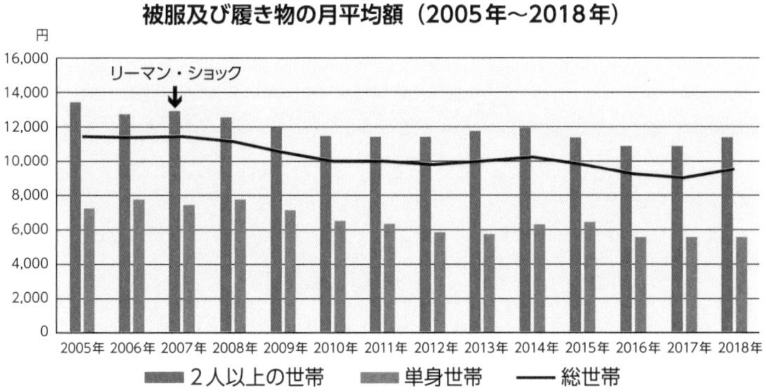

出典：総務省統計局「家計調査年報（家計収支編）2005 ～ 2018年」

▲リーマン・ショック以降、家計における1カ月あたりの平均衣料費はゆるやかに減少傾向にある。とくに若い世代が集中する単身世帯における減少は顕著だ。衣服に関連するサブスクリプションサービスもこうした状況を反映してか、6,000円前後のサービスが多く見られる。

日本のファッションサブスクが増加中

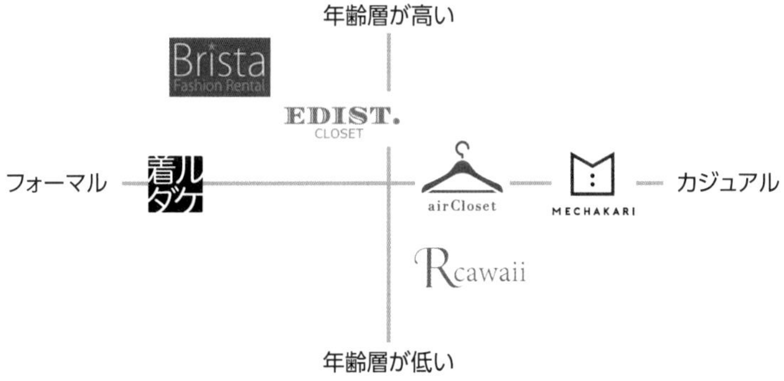

▲日本のファッションサブスクリプションサービスの位置付けを示したマトリックス図。オフィスでも使いやすいコンサバな服、着回ししやすいカジュアルな服、パーティーシーンに最適なワンピースなど、それぞれのサービスが得意とする分野がある。中小企業から大手企業まで、続々と参入しつつある。

020
ブランドバッグもコスメも使い放題 ～Laxus、RAXY、BLOOMBOX

女性の財布に優しいバッグ&コスメサブスクリプションが拡大

美しさを演出してくれるバッグやコスメは、女性にとって必需品です。女性の関心の高いこの分野に切り込んだサブスクリプションサービスが、日本でも続々と登場しています。

バッグ分野の先駆者として有名なサービスが「Laxus」です。Laxusは、月額6,800円で人気ブランドのバッグを好きなだけレンタルできます。ファッション誌に掲載されているようなブランドバッグは10万円以上の値が付くものも多く、気軽には購入できません。しかし**憧れのハイブランドのバッグまで豊富に取り揃えるLaxusを利用すれば、デートやパーティーなどさまざまなシーンに対応可能**です。ワンランク上のお洒落を楽しみたいけれど使える予算に限りがある――そんな女性達の心を掴んだLaxusの会員数は32万人を突破し、年間売り上げは400億円にも達しています。

コスメ分野のサブスクリプションサービスも年々過熱しています。楽天の運営する「RAXY」、@コスメが運営する「BLOOMBOX」のほか、ファッションの本場フランスからも「My Little Box」が参戦しています。RAXYやBLOOMBOXは、ユーザーの肌質や肌色、好みなどをもとに、**最適なアイテムをチョイスして配達**してくれます。My Little Boxは他社に比べて高めの価格設定ですが、ラグジュアリーな厳選コスメやパリで流行中のアクセサリーなどを配達してくれます。ターゲット層が競合しやすいこともあり、**目新しい企画やテーマが続々と打ち出されているのがこの分野の特徴**といえます。

女性達の心を掴む価格設定と品揃えが大切

ターゲット層のニーズと動向をサービスに反映

●ブランドバッグの購入頻度

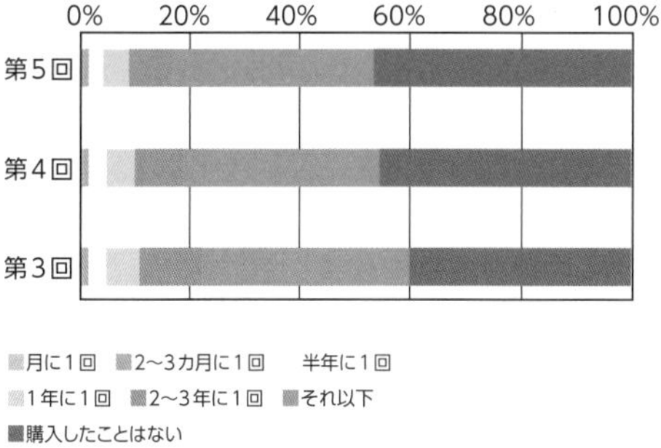

出典:マイボイスコム「高級ブランドに関するアンケート調査(第5回)」
https://myel.myvoice.jp/products/detail.php?product_id=24810

●コスメの消費額

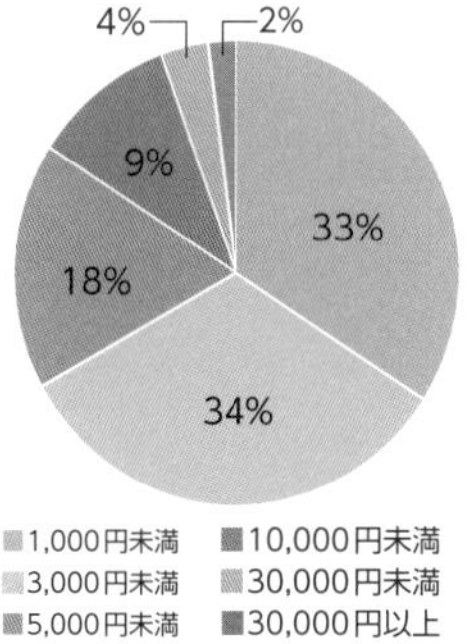

出典：マイナビウーマン「働く女子が1カ月に使う化粧品代はいくら?」
https://woman.mynavi.jp/article/141018-31/

▲ブランドバッグの購入頻度が2 〜 3年に1回以下と答えた人は約9割で、頻繁に購入できるものでなく、レンタルの潜在的ニーズが高いことがわかる。また、コスメの1カ月あたりの平均額は、「1,000円以上〜 3,000円未満」が34%で1位、「1,000円未満」が33%で2位だ。こうしたデータがサービスや価格設定に反映されている。

商品のラインナップが豊富

●Laxus

●RAXY

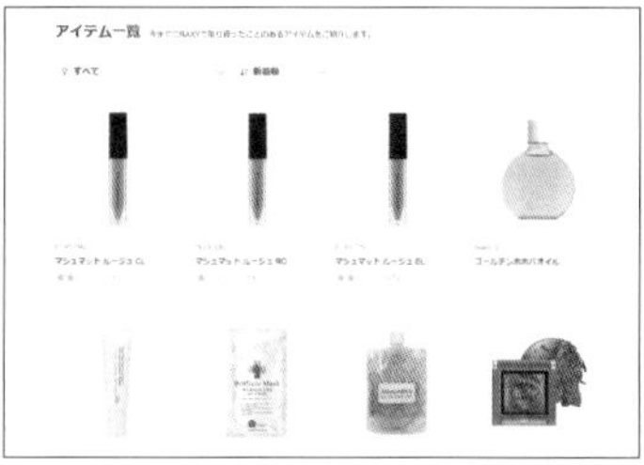

▲Laxusでは57もの高級ブランドを取り揃えている。RAXYではブランドコスメからプチプラまで扱う。多様なニーズに応えるため、豊富な品揃えが大切だ。

021
都市部では車を持たずにカーシェア ~タイムズカーシェア

維持費を気にせず車に乗れることで人気のカーシェア

自動車の保有台数は減少傾向にあります。車が売れなくなった理由にはさまざまなものがありますが、最大の理由は出費の大きさに集約されるでしょう。軽自動車クラスでも新車となると約85万以上で、さらにガソリン代、車検代、自動車税、保険代、駐車場代などの維持費も含めると、家計の大きな負担となります。そのため、**節約志向が高い現代においては、金額の大きい自動車関係の支出が削られる傾向**にあります。とくに、公共交通網が発達して日常的に自動車に乗る必要がない都市部ではこうした流れが顕著です。

そうした中、都市部を中心にシェアを伸ばしているのがカーシェアリングサービス「タイムズカーシェア」です。3分前までに予約しておけば、**全国1万カ所以上のステーションに置いてある自動車を、24時間365日いつでも利用できます**。料金は15分単位で発生し、ガソリン代などの維持費はすべて利用料に含まれています。軽自動車、ワンボックスカー、SUV、ファミリーカーなど豊富な車種が用意されており、**用途に合わせて最適な自動車を選ぶことができるのも魅力**です。実は、カーシェア市場はタイムズカーシェアが台頭する以前から多くの企業が参入していましたが、いずれも黒字化にはつながっていません。**利用したくとも事業所が遠かったり、1時間も利用しないのに料金が高かったりしたから**です。時間貸駐車場を展開する同社はユーザーのこうした不満を解消することで、車を買うほどは利用しないが必要なときだけ車を使いたいという潜在顧客を獲得し、シェアを伸ばしていくことができたのです。

カーシェアリング市場がタイムズカーシェア一強の理由

全国のタイムズの有料駐車場の敷地を利用

▲タイムズカーシェアを運営するパーク24は無人有料駐車場事業「タイムズ」を主軸としており、全国47都道府県に1万カ所以上もの自社駐車場がある。その駐車場を、タイムズカーシェア用車の保管場所・引き渡し場所として兼用することで、圧倒的なインフラ力を実現している。

プラン			料金
月額料金			0～880円
時間料金	ベーシック		220円/15分
	ミドル		330円/15分
	プレミアム		440円/15分
パック	6時間～72時間	ベーシック	4,290円～20,240円
		ミドル	6,490円～28,490円
		プレミアム	8,690円～43,890円
ナイトパック (18:00～翌日9:00)	ベーシック		2,640円
	ミドル		3,960円
	プレミアム		5,280円

※2019年12月現在

▲月額料金（0～880円）が割安のかわり、利用するたびに利用料が発生するシステムで無駄が少ない。利用料は「ベーシック」「ミドル」「プレミアム」の3種類のクラスに分かれており、それぞれ利用できる車種が異なる。2019年12月時点では29種類もの車種が用意されている。

022
トヨタとホンダが手を結ぶ「MaaS」の未来戦略

あらゆる交通手段が統合される「MaaS」が近い将来現実に

「MaaS」（マース）とは「Mobility as a Service」の略称で、「移動のサービス化」という意味があります。電車、バス、飛行機、タクシーなど、**本来別々の事業者が運営する交通手段を、スマートフォンなどのICT機器で可視化して1つのサービスに統合する**というもので、将来的には交通渋滞の解消へとつなげる狙いがあります。具体的には、目的地までに複数の交通手段が必要になる際に最適なルートを検索したり、本来は別々に支払う必要がある交通費を一括で支払ったりすることなどが、このMaaSの概念に該当します。また、カーシェアリング（021参照）もMaaSを運用するうえでの重要な鍵になるとされており、交通手段の1つとして統合されることが想定されています。

MaaS先進国のフィンランドでは、2016年に首都ヘルシンキで**世界初のMaaSサブスクリプションアプリ「Whim」（ウィム）**の提供が開始されました。同アプリの運用は2018年4月にイギリスでも開始されており、日本での展開も予定されています。

日本でもMaaSに取り組む企業が増えてきています。日本国内のMaaSを牽引しているのが、2018年9月にソフトバンクとトヨタ自動車が合弁で立ち上げた「MONET」（モネ）です。2019年にはホンダや日野自動車などとも資本業務提携を行い、各社が協力してサービスを支える構えです。MONETは最終的に、**交通手段の最適な予約・決済をキャッシュレスや定額で行うためのプラットフォーム**を構築する予定です。

MONETの取り組みと展望

●MONETが目指すプラットフォーム

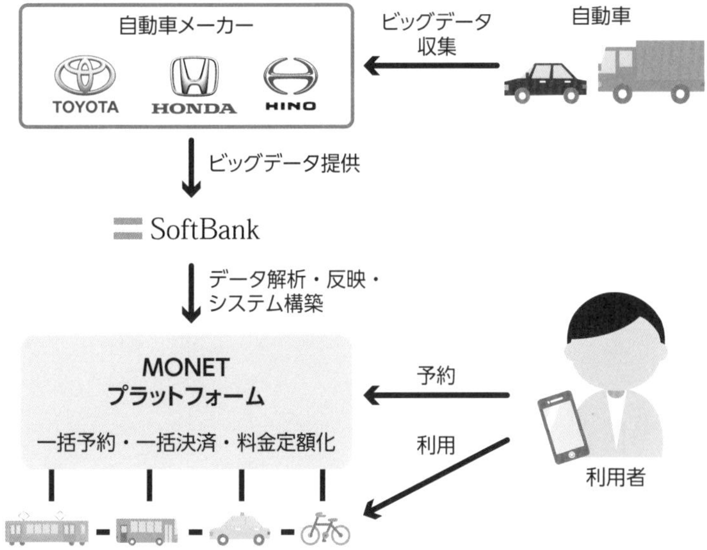

●MONETを活用するトヨタの展望

MONETの一翼を担うトヨタが、東京オリンピックでの提供を予定している自動運転EV「e-Palette」。将来的にはこのe-PaletteをMONETとあわせて活用し、自治体や企業と連携したさまざまなサービスを展開していく構想を掲げている。

▲MONETプラットフォームは、自動車メーカーから自社の自動車の道路情報や走行情報などのビッグデータを収集・解析して、利用者にとって最適なルートと交通手段を提供する。自動運転の実用化が開始される2022年の運用を目指しており、現在全国の主要都市で実証実験も行われている。

023
空の旅も定額で自由に使い放題 ～Surf Air

シームレスな空の旅を楽しめる夢のようなサービス

搭乗時間までの長い待ち時間、わずらわしい手続き、混み合う機内——飛行機の利用は往々にして悩ましいものです。そうかといって、好きなときに好きな場所へ行くことができるプライベートジェットを貸し切れば、数百万円以上はかかってしまいます。

そのような不満を解消すべく登場したのが、**少人数制のプライベートジェットが格安で乗り放題**となる夢のようなサブスクリプションサービス「Surf Air」（サーフ エアー）です。Surf Airは、2011年にカリフォルニア州の主要都市間を移動するビジネス路線の運航からスタートしました。2017年にはテキサス州の主要都市へとサービスを拡大、同年にはヨーロッパ進出を果たし、ロンドンやチューリッヒを始めとした4都市間路線の運行を開始しました。**就航都市は今やヨーロッパ全域に拡大**しており、利便性はますます高まっています。

料金は、アメリカ国内の路線は日本円で月額21万円、ヨーロッパ路線は月額30万円で、搭乗回数に制限はありません。**専用ラウンジが用意されているため、わずらわしい待ち時間や人混みに悩まされることもありません**。もちろん機内は上質なパーソナルスペースが確保されており、ゆったりくつろぎながら空の旅を楽しむことができます。航空会社の運航する一般的な路線と比較すると、**空港滞在時間やフライト時間が平均約2時間は短縮**されます。こうしたさまざまなメリットから、海外出張の多いビジネスマンを中心に熱い支持を受けています。

一般的な航空会社とSurf Airの違い

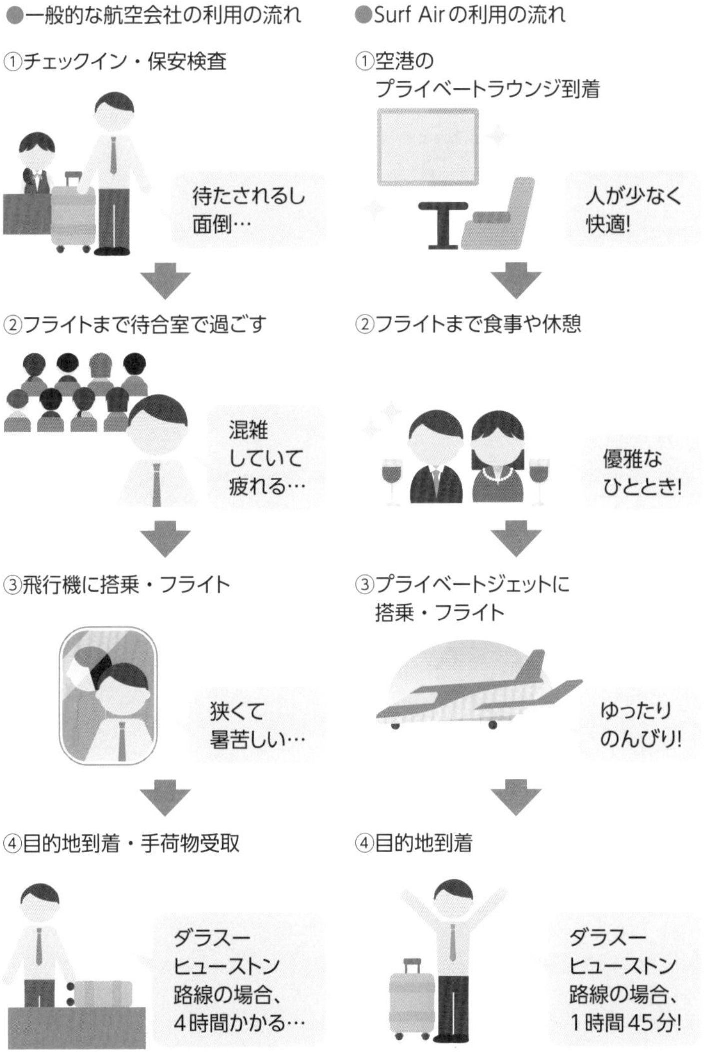

▲Surf Airなら煩雑な手続きや長時間にわたる待ち時間が解消され、平均約2時間のフライト時間短縮が可能になる。プライベートジェットは各便搭乗人数7人以下のため、貸し切りに近い感覚で空の旅を楽しめる。

024
ラーメンもフレンチも定額で食べ放題、フードロスの削減も

1カ月食べ放題で家計節約&フードロス削減を両立

近年は、外食産業にもサブスクリプション化の波が押し寄せています。基本的には、事前に飲食店が定めた定額料金を支払うことで、期間内に何度でも飲食できるシステムです。

代表的な例は、激安居酒屋として有名な居酒屋チェーン「金の蔵」です。**月額4,000円で120分飲み放題を毎日利用できる**「お得定期券」のサービスを開始し、話題を集めました。2つ目の例は、メガ盛りラーメンで知られる関東のラーメンチェーン「野郎ラーメン」です。**月額8,600円で毎日1杯ラーメンを食べることができる**サブスクリプション「1日一杯野郎ラーメン生活」を提供しています。少々高めの価格に思えるかもしれませんが、毎日でも食べたいという熱烈なファンも少なくないため、好評を博しています。3つ目の例は、六本木のフレンチレストラン「Provision」です。**1人月額1万5,000円、4人まで月額3万円で、料理やワインを何度でも楽しめる**サブスクリプションを提供しています。また、高級食材料理も対象にしたプラン「De Luxe」も提供し、話題を集めました。

他業種と比較すると中小の飲食店も参入しやすいため、このように多くの飲食店が続々と参入しています。ただし、対応力不足で苦戦するケースも少なくありません。そのため、利用回数などの制限を慎重に設定したいところです。

一方、持続可能な社会の実現に向け、周辺の飲食店で発生した余剰食品を月額1,980円で毎日2回まで受け取れる「ReduceGo」など、**フードロスの削減に貢献するサービスも拡大**しています。

外食サブスクリプションの主なメリット

利用者のメリット

●従来型

1杯100円のコーヒーを
平日毎日飲んでいる場合…

●サブスクリプション

1杯100円のコーヒーを
月額1,200円で毎日1杯飲める
サブスクリプションを利用した場合…

飲食店のメリット

●従来型の店舗

●サブスクリプション店舗

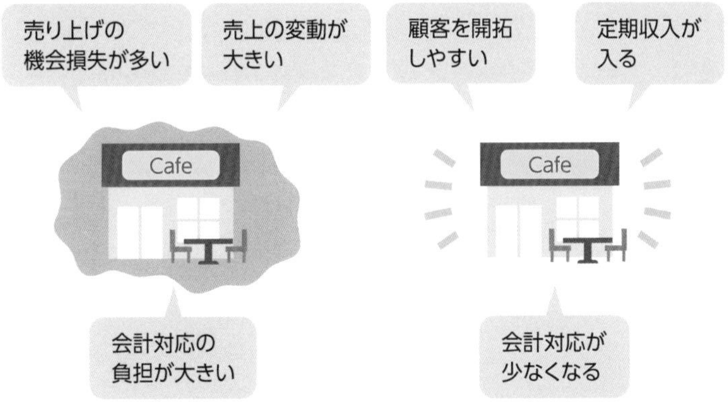

▲外食サブスクリプションでは、上記のように利用者と飲食店の双方に多くのメリットがある。料金が単純計算できるため、損得がわかりやすいのもポイントだ。一方で、利用者が増えるほど席の予約が取りづらくなり、利用したくてもできないケースも。飲食店側も適切な対応力を確保できるか検討したうえでサービスを導入したい。

025
気に入った家具を選んで部屋を自由に模様替え

おしゃれな新品をレンタルできるサービスも

家具の購入費用は高額になりがちで、そう易々と買い替えることはできません。また同時に、家具は身近で長く使うもののため、好みのデザインでも、飽きがきやすいともいえるでしょう。こうした背景もあり、家具・インテリア業界にもサブスクリプションが波及しています。

この分野における注目のサブスクリプションサービスが、2018年9月にサービスを開始した「subsclife」(サブスクライフ)です。同サービスでは、**有名ブランドの家具やこだわりのあるデザイン家具の新品を月額500円からレンタルできます**。利用期間は3カ月～24カ月で、ニーズに応じて自由に選択できます。**利用期間終了後はそのままレンタルを継続したり、別の家具に交換したりでき、気に入った家具なら購入することもできます**。継続レンタルの場合は家具の定価を超えた時点で請求が止まり、買い取りの場合も家具の定価から支払い済みの月額料金を差し引くシステムのため、購入した場合より高い料金が要求されることがありません。

これまでにも家具のレンタルサービスはありましたが、状態の悪い中古品やデザイン性を犠牲にしたものが多いなど魅力を欠いていました。しかし、家具サブスクリプションでは新品や状態のよいおしゃれな家具を利用でき、高い満足感が得られます。また、**家庭向けだけでなくオフィス向けの家具サブスクリプションも登場**しています。利用可能な地域はまだ限られていますが、今後家具メーカーも参入してくる可能性が高く、注目の市場といえるでしょう。

過熱する家具サブリプション市場

家庭向け家具サブスクリプション5社を比較

	subsclife	CLAS	airRoom	flect	STYLICS
料金	500円～／月	400円～／月	500円～／月	家具によって異なる	家具やレンタル年数によって異なる
利用期間	3～24カ月	3カ月～	1カ月～	24カ月～36カ月	2年～
家具の傾向	デザイン家具、ブランド家具、新品	シンプル家具、サイズ豊富	リーズナブル、テイスト豊富	収納家具中心、新品	インテリアコーディネーター厳選の家具
補償	無料 ※取扱不注意によるものは別途負担	無料	無料	有料	有料

※2019年12月現在

▲料金や取扱家具の傾向はそれぞれ異なり、自分に合ったサービスを利用できる。1カ月や3カ月からレンタルできるサービスなら手軽に試すことができる。

オフィスにも広がる家具レンタル

▲オフィス家具専門サブスクリプション「Kaggレンタル」のように、法人向けのオフィス家具を取り扱うサブスクリプションも登場している。新規開業や移転にともなう家具の購入費用を抑えられることから人気が高い。

026
教育や習い事も定額で ～英会話スクール、ジム

拡大する巨大市場にもサブスクリプションが波及

インターネットの普及によってオンライン学習ができる環境が整い、場所や時間を問わずさまざまな教育を受けられるようになりました。そうした背景もあり、近年は教育・習い事市場は年々拡大しており、とりわけ**小学生以下の教育・習い事市場は実に約1兆円規模にのぼる**ともいわれています。そしてこの巨大市場にも、新時代のサブスクリプション化の波が及んでいるのです。

教育分野の革新的な成功例としては、オンライン英会話の「ネイティブキャンプ」が有名です。従来の英会話スクールの多くはチケット制または月額制が一般的で、予約必須かつ受講できる回数には制限がありました。ところが、ネイティブキャンプの場合は7,000人を超える外国人講師を揃えたことにより、**予約不要で24時間365日いつでも回数無制限でレッスンを受講できる新しいスタイルを実現**したのです。場所や時間が制限されない自由度の高さが好評を博し、右肩上がりの成長を続けています。

スポーツジムやヨガスクールなどフィットネス業界は会員制がほとんどで、教育分野と同じく古典的なサブスクリプションビジネスですが、この分野でも顧客ニーズに応える新たなサービスが登場してきています。フィットネスアプリ「Lespas」（レスパス）は、**月額9,800円で2,500以上の提携ジムを好きなときに好きな回数利用できる**というものでした（2017年にサービス終了）。また、定額制とは反対に従量課金で小額から提携フィットネスジムを利用できるアプリ「Nupp1 Fit」（ナップワンフィット）も登場しています。

格安料金で好きなときに好きな場所で自分磨きできるのが魅力

多様化したライフスタイルにマッチしたネイティブキャンプ

▲ライフスタイルの多様化した現代では、決められた日時・場所でレッスンを受講することは難しい。ネイティブキャンプはそうした時流を捉え、スマートフォンのアプリによる受講システム構築や圧倒的な講師数の確保によって、24時間365日受講できるスタイルを可能にした。講師は国も性別もさまざまだが、公式サイトやYouTubeで各講師を動画で紹介しており、どのような人物か把握しやすく安心できる。

課題は競合他社との差別化

▲教育・習い事サービスの大多数は定額制を採用しているため、サブスクリプションによる差別化がしづらいため工夫が必要だ。子供向けの習い事サブスクリプション「スクルー」は、さまざまな教室で通常の生徒と同等のレッスンを体験受講できるシステムで差別化を図る。

027
建設機械もサブスクリプションで効率的に〜コマツ

段階的なデジタル技術で収益モデルを構築

建設機械業界国内シェア1位、世界シェア2位を誇るコマツは、デジタルトランスフォーメーションでサブスクリプションビジネスを発展させた好例です。同社は業界に先駆けて、モノどうしをインターネットにつなげて制御するIoTに取り組んできました。広大な建設現場では、使用した建設機械がどの場所にあるのかを把握することは安全面や費用削減の点で欠かせません。

そこで同社は、2001年から自社のICT建設機械に「KOMTRAX」（コムトラックス）と呼ばれるGPSシステムを搭載し、**顧客に建設機械の稼働状況と位置情報を提供**してきました。また2015年には**作業を可視化する「スマートコンストラクション」**、翌年の2016年には**スマートコンストラクションで収集したデータを管理するクラウド「KomConnect」（コムコネクト）**の提供を開始し、さらに利便性を向上させました。可視化されたデータはスマートフォンやタブレットなどで確認することができ、今や工事の進捗確認や効率化を図るうえで欠かせないシステムとなっています。

同年コマツは、サブスクリプションサービス企業Zuoraのプラットフォームを導入し、**スマートコンストラクションのサブスクリプションでの提供を開始**します。同社は以前から建設機械のレンタル事業も展開していましたが、長年培ってきたこれらの先進技術のサブスクリプション化をもって他社にはない付加価値としたのです。収集した詳細なデータとその分析を武器として顧客ニーズに応えることで、顧客の囲い込みをより盤石なものにしました。

収益化につながったコマツのデジタル技術

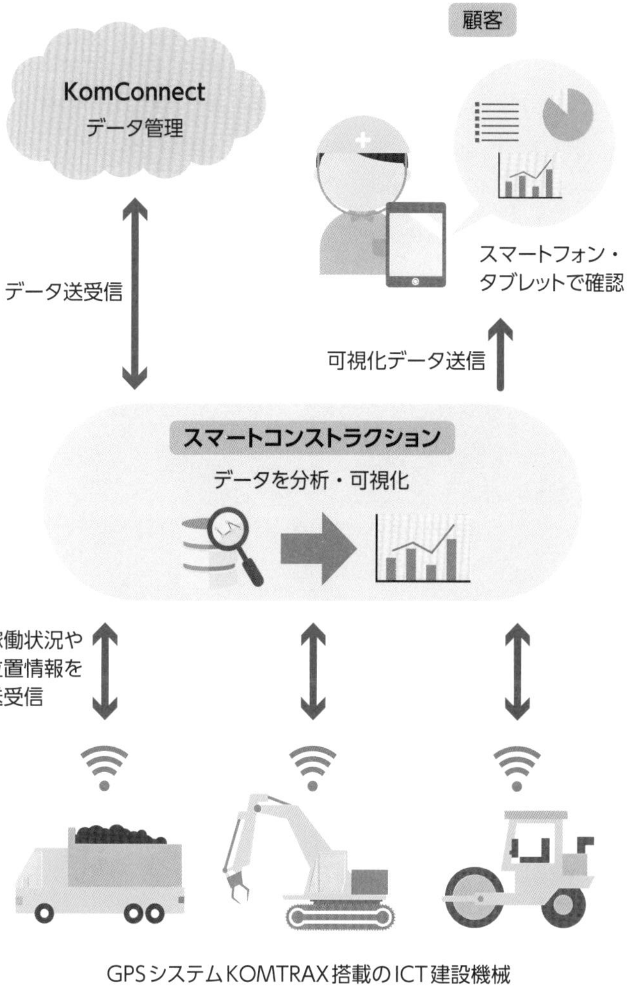

▲ICT建設機械の稼働状況や位置情報を分析して可視化するコマツのシステム。このデータ分析・可視化を担うスマートコンストラクションを早い段階でサブスクリプション化して収益につなげた。

Column

スタイリストが ユーザーの服をコーディネート

019で紹介したファッションのサブスクリプションの中で、とくにコーディネートサービスでユーザーに訴求しているのが「airCloset」です。月額6,800円～9,800円でプロのスタイリストが選んだ服が送られてくるairClosetは、ファッション業界で活躍する250人以上の現役スタイリストを抱えており、あらゆるジャンルのファッションに対応できる体制が整えられています。利用者の好みや要望を受け付けるだけでなく、スタイリストとチャットで具体的な内容のやり取りも行うため、より自分に合ったコーディネートが実現できるのです。また、日々の着回しまでしっかりと考えられていることもポイントです。

airClosetのコーディネートの流れ

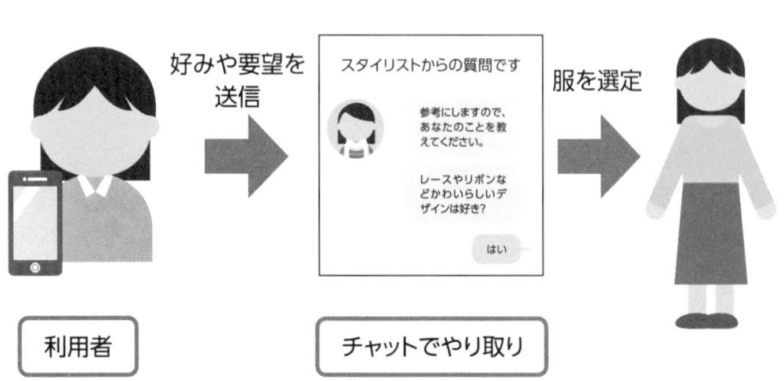

▲利用者の要望やスタイリストとのやり取りをもとに、スタイリストが服を選定。気に入ればそのまま着用し、気に入らなければ返却して新しいコーディネートに交換してもらえる。

Chapter 3

ここにチャンス!
サブスクマーケットの分析

028

面倒な毎回の購入が解消される定期購入性

シンプルながらメリットの多い定期購入

食料品や生活用品など、日常的に必要になる商品の在庫を日々確認し、足りないものをそのつど店舗まで行って購入するのは、非常に手間がかかります。一般的には**スーパーでの平均滞在時間は約20分**といわれていますが、これに移動時間や商品を持ち帰る労力も加わると、日常生活における負担はかなりのものです。

こうした従来型の小売りモデルのデメリットに目を付けた小売業者は、決められた間隔と回数で商品を購入することを条件に、**通常価格よりも値引きしたり、送料を無料にしたりする「定期購入」（定期便）システムを導入**しました。毎回異なるおすすめ商品などが届く頒布会も、毎回商品が同じか異なるかという点を除けば、同じ部類のビジネスモデルです。近年は、通信販売事業者やオンラインショップに加え、実店舗やオンラインショップなどのチャネルを統合した**オムニチャネル型**の業者も続々とこの定期購入を取り入れています。

業者側にとっては、長期的に定期収入が入り、売り上げ予測が立てやすいというメリットがあります。消費者にとっては、つど購入する時間と手間を省けるうえ、安く購入できるメリットがあります。自動的に定期で商品が送られてくるため、わずらわしい在庫確認の手間も解消されます。ただし、サブスクリプションビジネスを展開していくうえでは、**この定期購入にどのような付加価値を付け、同業他社と差別化していくかが非常に重要な課題**といえるでしょう。

定期購入で移動時間や購入手続きなど日常の負担が解消される

総合スーパーの利用頻度

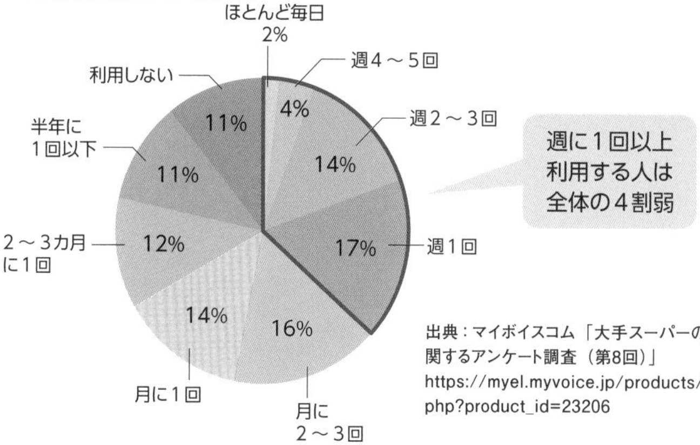

出典：マイボイスコム「大手スーパーの利用に関するアンケート調査（第8回）」
https://myel.myvoice.jp/products/detail.php?product_id=23206

▲総合スーパーを週に1回以上利用する人が全体の4割弱にも達していることがわかる。移動時間や購入手続きでそれだけ多く負担がかかっているため、定期購入の潜在的ニーズが高いことがうかがえる。

定期購入で購入の手間を削減すれば日常生活が豊かに

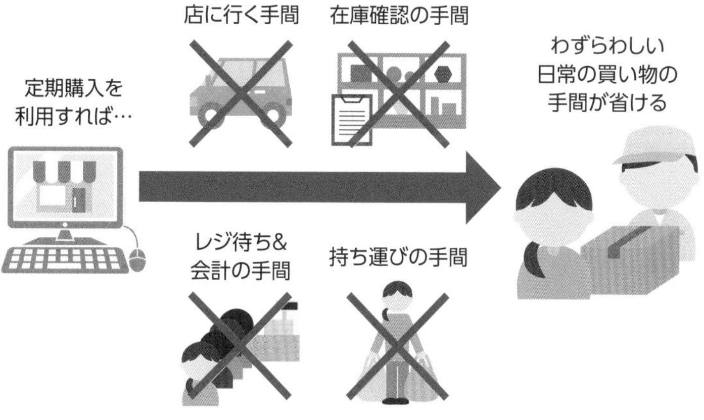

▲定期購入を利用することで、さまざまなわずらわしさから解放される。サブスクリプションの定期購入性は、忙しい現代人のライフスタイルと非常に相性がよい。

029

即応した成果を生み出す成果重視性

サブスクリプションの即効性が成果を呼び込む

ビジネスなどで成果を上げるために製品やサービスを導入する場合にも、サブスクリプションは適しています。

第1にサブスクリプションでは、**製品やサービスを導入するための初期費用や時間を抑えられ、すぐに実践投入することができ、収益に結び付きやすい**からです。トライアル期間が設けられているものも多く、成果が上がるかどうかを気軽に試せることも理由の1つです。わかりやすい例はパソコンのソフトウェアで、事務作業やプレゼンであれば「Microsoft Office」、デザインの分野であればAdobeの「Photoshop」や「Illustrator」などが代表例でしょう。こうした高機能ソフトウェアを買い切りで会社全体で導入するとかなり高額になるため、導入を見送ったり、部分的な導入に留まったりするケースも少なくありませんでした。しかし、**少額から始められるサブスクリプションなら気軽に導入でき、投資を回収するまでの時間が短く済みます**。思った成果が上がらなくとも、すぐに解約できるため損失も広がりません。

第2にサブスクリプションでは、そもそも成果自体を商品としているものが少なくないからです。たとえば従来、社内で会計処理をするためには、会計用のコンピューターやソフトウェアを購入し、会計用の人員を育成・雇用し、そのうえで会計処理を行うという手順が必要でした。ところがサブスクリプションでは、**会計処理という成果自体がクラウドサービスで利用できる**ため、ある意味で成果が保証されているともいえるのです。

成果に結び付きやすいサブスクリプション

利用者が求めるのは製品・サービスによって得られる成果

▲ユーザーが製品やサービスに求めるものはそれぞれ異なる。しかし、それを使うことによって高い成果が得られることを期待している点は共通している。少額からすぐに製品やサービスを利用できるサブスクリプションなら、こうした成果に結び付きやすい。

成果自体がサービスになっているものも

●社内で会計処理する場合　●サブスクリプションの場合

▲社内で会計処理をするには専用の機材や人員を用意する必要があるが、サブスクリプションなら利用するだけで成果が得られる。このように成果というコト自体をサービスにしているサブスクリプションも多い。

030
修理・維持を気にしなくてよいメンテナンス性

修理費・維持費まで組み込んだサブスクリプション

どれだけ耐久性に優れた製品でも、長年使い続けると経年劣化や不具合が発生することは避けられません。製品を適切な状態で使っていくためにはメンテナンスなどの維持費がかかりますし、故障してしまった場合は修理費もかかります。従来の買い切りでは、こうした維持費や修理費は製品自体の購入費には基本的に含まれておらず、消費者は**修理費や維持費も考慮する必要がありました**。とりわけ、機械製品ではこうした出費がかさむため、これまで消費者の大きな負担になっていました。

サブスクリプションはこの修理費や維持費をすべて利用料に統合した点で画期的です。契約期間中であれば、**いつでも製品を無料または格安でメンテナンス・修理してくれるものがほとんど**で、利用者は余計な経費を気にすることなく安心して長く製品を利用できます。サービスを提供する側は修理費・維持費を負担するため一見損をしているようにも思えますが、**これらのサポートにより利用者とより密接な関係を長く構築できる**ため、契約を維持しやすくなり、その分より収益に結び付きやすくなっているのです。

カーシェアリングサービスを展開する「タイムズカーシェア」(021参照) や、トヨタの自動車が乗り放題になる「KINTO」などが代表的な事例です。とくに自動車の場合は、単純な修理費・メンテナンス費だけでなく、車両保険料や自動車税、車検代などのさまざまな維持費が必要になるため、サブスクリプションのメリットが際立っています。

高額な維持費・修理費が不要のKINTO

●従来の買い切りの場合

プリウスを購入して
3年間利用

新 車 価 格：2,612,500円～
車両保険料：35,680円／月（ソニー損保）
自 動 車 税：36,000円／年
車　検　代：87,688円／年（販売店）

初年度の費用合計：3,164,348円
2～3年目の費用合計：1,133,696円

↓

3年間の合計：4,298,044円
＋メンテナンス費・修理費

※ガソリン代、駐車場代は除く
※2019年12月時点

●KINTOの場合

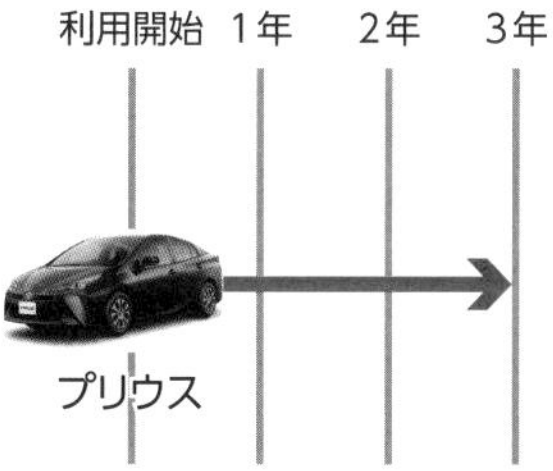

月額：50,710円
※保険料・自動車税・車検代・メンテナンス費・修理費込み

↓

3年間の合計：1,825,560円

※ガソリン代、駐車場代は除く
※2019年12月時点

▲自動車は車両保険料・自動車税・車検代だけでも年間数十万円もの費用がかかる。しかしKINTOを利用すれば、そうした費用のほか、メンテナンス費や修理費も気にせずに済む。途中でほかの車種への乗り換えができる点も評価されている。トヨタとしてはこうした維持費・修理費を負担している分の損失が大きく思えるが、長年契約が継続されれば販売価格を上回る利益が入ってくる。

031

不定期かつ、いつでも利用できるランダム性

利用状況に合わせて支払いを最適化できる

製品を買い切りで購入すれば、それをいつでも利用できるというメリットがあります。しかし、製品によって毎日利用することもあれば、ときには1カ月に1回も利用しない場合もあります。ある日を境に、まったく利用しなくなることもあるでしょう。**利用機会がランダムな製品は、購入費用に見合った価値が期待できない**場合も少なくありません。しかし、こうした利用のランダム性に、サブスクリプションなら柔軟に対応できます。

たとえば、毎日のように利用していたサブスクリプションサービスが、長期の出張などで急に不要になったとしても、月額課金ならすぐ解約でき無駄な支出が発生しません。多くのサービスは利用期間に縛りはなく、ユーザーからのかんたんな手続きで解約ができます。また、一時的にサービスが不要になった場合のために、**手軽に契約を一時停止することができるサービスも少なくありません**。アカウントは継続されるので、ユーザーはまた使いたいときにかんたんに再開できるようになっています。

常時利用しておきたいサービスでも、時期によって利用の波が非常に大きいこともあるでしょう。こうした場合に極力利用者が無駄を感じないように、**利用量に応じて定額プランが自動的に変更されるサービス**や、**定額制と従量課金制を組み合わせたサービス**などもあります。このように、料金体系を工夫して利用のランダム性に対処し、少しでも長く利用者との関係性を継続しようとするサービスが増えています。

利用の一時停止や柔軟な料金体系で解約防止を

一時停止できるYouTube Music Premium

▲音楽配信サービス「YouTube Music Premium」のように、最低利用期間や違約金などの解約しづらいしくみを撤廃し、利用しない間は一時停止して月額料金を支払わなくてよいようにできるシステムのサブスクリプションが増えつつある。こうしたサービスでは、また必要になったときに新規登録を行わなくてもすぐ再開できる。こうすることで、利益は出ずとも利用者との関係性を継続できる。

従量課金を組み合わせたNTTドコモのギガライト

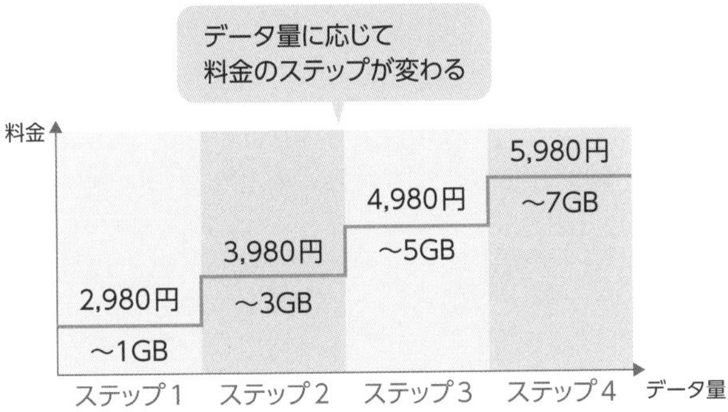

▲NTTドコモの「ギガライト」は、定額制と従量課金制を組み合わせたステップ状の料金体系にすることで、あまりデータ量を使わない月でも利用者が損をしないしくみになっている。

032

長く継続して利用されるインフラ性

インフラ化することで長期的な利益が生まれる

作業になくてはならないほどインフラ性が高くなると、かんたんにほかの製品やサービスに乗り換えられることはなく、**長期にわたって利用してくれる優良顧客を増やすことができます**。

わかりやすいインフラの例として「Dropbox」が挙げられます。Dropboxは、大容量のデータをほかの利用者と共有したり、バックアップしたりすることができるクラウドストレージサービスです。無料でも2GBまでのストレージを利用できますが、3TBまで容量を拡張できる「Dropbox Professional」や、共同作業ツールが充実した「Dropbox Business」などの有料プランも用意されています。2018年時点で全世界5億人の登録ユーザーを抱え、有料会員はそのうち2.2%の1,100万人、1人当たりの平均売上高は111.91ドルを記録し、ビジネスのインフラとしての利用も拡大しています。Dropboxの成功の鍵は、OSやほかのサービスとの連携に優れ、**既存の作業環境を活かしながら利用できる**ことにあります。また、ほかの利用者間とのデータのやり取りがしやすく、**利用者が利用者を呼ぶ好循環が生まれやすくなっている**こともインフラ化に貢献しています。

同じストレージサービスでAppleの「iCloudストレージ」もインフラ化に成功した代表例です。iCloudストレージは人気のiPhoneやiPadに紐付けられており、それらの利用者はiCloudストレージを当然のように利用するため、インフラ性が高まりました。このように、**すでに普及している製品に独自のサービスを紐付ければ、労少なくインフラ化を狙えます**。

ほかのサービスや利用者との結び付きが重要

サービスや利用者間でのやり取りがしやすいDropbox

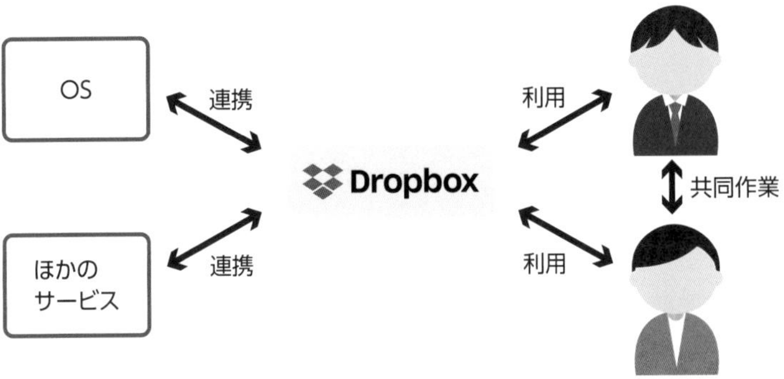

▲OSの専用フォルダでデータの管理ができたり、ほかのサービスと互換性が高かったりと、連携に優れるDropbox。利用者間での共同作業もしやすいことから、インフラ化に成功した。

iPhoneとの紐付けで利用者を獲得したiCloudストレージ

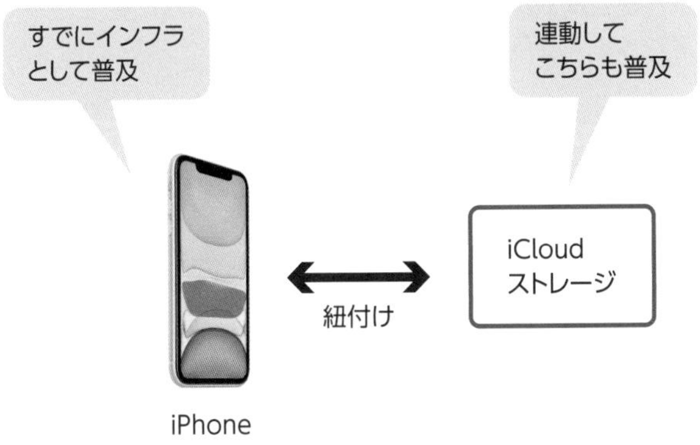

▲すでにインフラといえるほど普及しているiPhoneやiPadに結び付けられているiCloudストレージは、それだけで自動的に膨大な利用者を獲得し、インフラ化に成功した。

033

最新のものを利用しやすいアップデート性

提供側は最新製品への交換スパンに注意が必要

社会学者のエベレット・ロジャースは「イノベーター理論」において、新しいものに対する感度によって人々を5つの層に分類しています（右図参照）。このうち、「アーリーマジョリティ」までの3つの層が新しいものへの感度が比較的高いとされていますが、この3つの層の合計は全体の50%を占めるのです。**つまり半数の人にとって、新しいものとはそれだけ魅力的**だといえるのです。

その点で、アップデート性が高く、最新のものを常に利用しやすいサブスクリプションサービスは有利です。とりわけアップデートの容易なソフトウェアにおいてはその傾向が強く、ブラウザ上で利用するWebサービスや、スマートフォン向けアプリケーションなどは、頻繁に機能の改良や追加がなされます。他社製品との差別化のためにも、**絶え間ないアップデートを続けていることをウリにしているものが大半を占めます**。

物理的な製品においても、最新のものを極力すばやく利用できるようにしているサービスが少なくありません。たとえば自動車レンタルサービス「KINTO」（030参照）では、3年間で最新装備の新車へ乗り換えできますし、家具レンタルサービスの「subsclife」（025参照）では、3カ月で別の最新家具に交換できます。ただし物理的な製品の場合は、サービス提供者にとってはより多くの生産費用がかかります。あまり**早いスパンでの交換を認めてしまうと損失につながりかねないため、バランスが重要**です。

新しさの提供と費用回収のバランスが重要

半数の人が新しいものに敏感

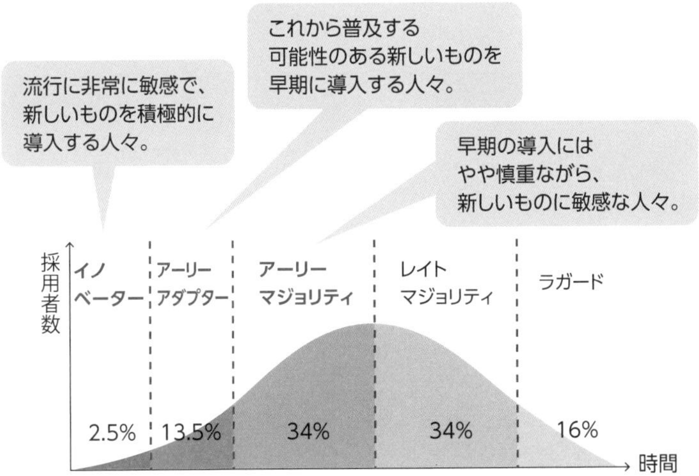

▲人々が新しいものを導入する際の感度を5つに区分したイノベーター理論では、半数の人が新しいものに敏感だとされている。サブスクリプションの特性を生かし、アップデート性を高めてサービスの魅力を強めたい。

物理的な製品では交換スパンを早めすぎない

▲自動車など物理的な製品の場合、ソフトウェアに比べてより多くの生産費用がかかる。そのため、費用を回収して利益が出るだけの十分な期間を確保したうえで、なるべく早く次の新製品への交換ができるようにする必要がある。

034

いざというときの安心を買う保険性

日本人が好む保証・保険はぜひ組み込んでおきたい

買い切りで販売されている家電製品などには、故障時に一定期間無料で修理･交換できるメーカー保証が付いているものがあります。ただ、長期保証を付けるには、多くの場合メーカーや販売店に追加料金を支払わなければなりません。しかし有料にもかかわらず、**日本では実に3割以上もの消費者が長期保証に加入する**のです。

サブスクリプションの場合、**こうした本来なら有料の保証や保険を最初からサービスに組み込んでいる**ものが多く、追加料金が発生しないため、お得感があります。また、買い切りの長期保証はほとんどの場合は永久保証ではありませんが､サブスクリプションでは、**サービスを契約している限りは保証が付属するため、より保証性・保険性が高い**のです。製品を提供する側はこうした保証を設けることで損をしているように見えますが、実はあまり損をしません。技術の発達にともない以前よりも故障や不具合の頻度が全体的に少なくなっていることに加え、消費者にそれらの原因がある場合などは保証対象外になるものが多いからです。

サブスクリプションはまだまだ歴史が浅く、利用にあたって不安を抱く人も少なくありません。高額な家電や機械製品を扱う場合は、少しでも不安感を払拭できるように、保証・保険をサービスに組み込んでおくべきでしょう。先述したように日本人は無類の保険好きのため、日本を中心にサブスクリプションを展開していく場合、こうした保証性・保険性をセールスポイントにすることは非常に効果的なのです。

保証・保険は利用者を増やすためには必須

日本人の3割以上が保証に加入する

Q.家電を買ったとき、販売店の長期保証に加入しますか

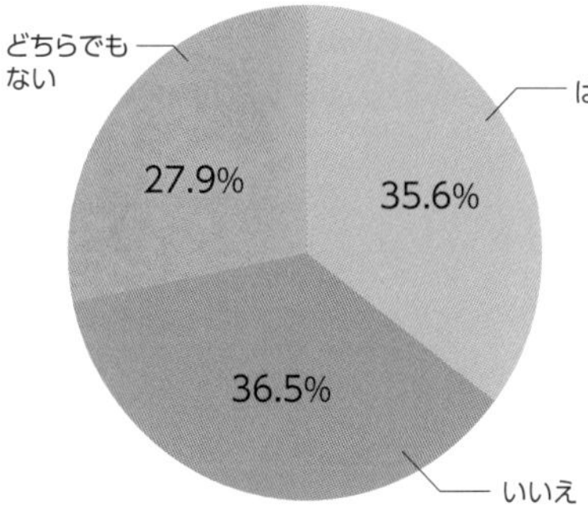

出典：at home VOX「家電を買った時、長期保証を付けますか？　家電に慎重な地域を九州に発見」
https://www.athome.co.jp/vox/life/96866/pages2/

▲家電製品の長期保証はほとんどが有料だが、全体の3割以上が加入したと回答している。日本人は世界的にも稀なほど保険・保証を求める傾向があるため、高額製品を扱う場合にはぜひサービスに組み込んでおきたい。

保証性・保険性に優れるサブスクリプション

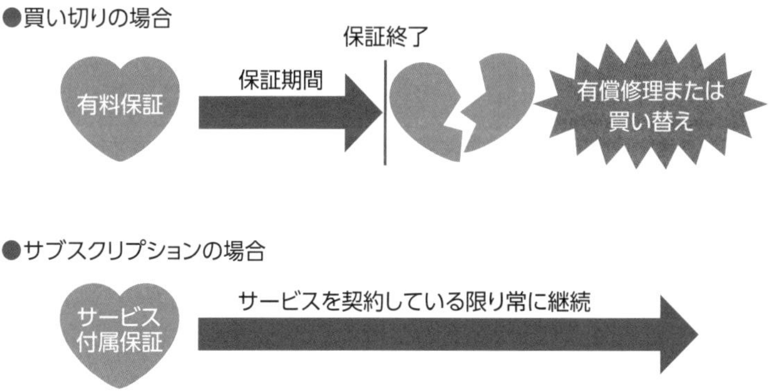

▲買い切りの有料保証の場合、保証期間が終了すれば無効になってしまう。一方のサブスクリプションでは、サービス自体に保証が付属しているため、サービス契約中は常に保証が有効だ。

035

オンライン管理に適したデジタル性

顧客情報や商品在庫をオンラインで直結管理

003でも解説したように、サブスクリプションが急速に広がりつつある理由の1つには、やはりインターネットをうまく活用したデジタル化されたサービスが増えてきていることが挙げられるでしょう。申し込み、決済、プラン変更、解約など、**何から何までオンライン上で完結できるシステムを採用している**サービスが多く、もはや利用者は混雑する店頭に行く必要も、電話やFAXでやり取りする必要もありません。とくに、クラウドサービスやデジタルコンテンツ配信サービスなど提供価値自体がデジタルの場合は、サービスの提供自体もオンライン上で瞬時に完結するため、非常に高い利便性を誇ります。

サブスクリプションサービスの提供側も、こうしたサービスのデジタル化が進むほどに恩恵を受けます。注文・決済処理がスピーディになることはもちろん、**売上情報や在庫状況をリアルタイムに把握**でき、会計から仕入れまで効率的で柔軟な経営が可能になります。さらに、**利用者の購買履歴やオンライン上での閲覧履歴、レビューなどを収集・分析**し、サービスの改善や営業につなげられる点も見逃せません。

もっとも、こうしたデジタルな取引システムを1から構築するには時間も費用もかかるうえ、ユーザーファーストといえるレベルにまで仕上げることは容易ではありません。そのため、各社が提供している**サブスクリプション専用プラットフォームを活用し、一挙にデジタル化を図る**のも1つの手です。

顧客・商品管理から請求処理までオンラインで完結

デジタルの利点をふんだんに活かしたApple Music

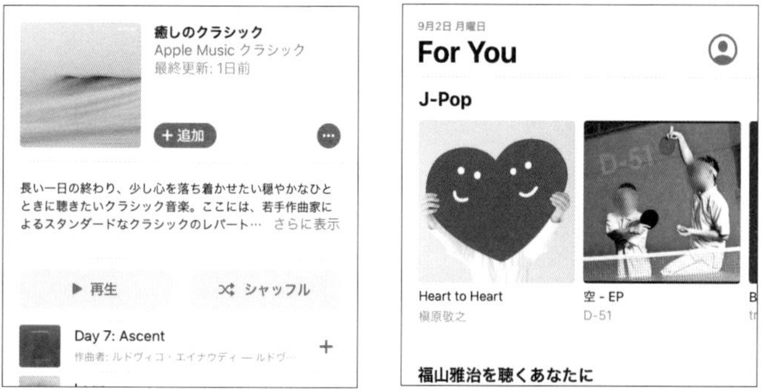

▲Appleの楽曲聴き放題サブスクリプション「Apple Music」は、同一アカウントでログインすれば、iPhoneからAndroidスマートフォンまでさまざまな端末で利用可能。再生履歴などをもとに楽曲を紹介してくれる「For You」や、音声アシスタント「Siri」と連係した楽曲検索など、デジタルだからできるサービスが魅力だ。

個人でも手軽にサブスクリプション化できるSubscLamp

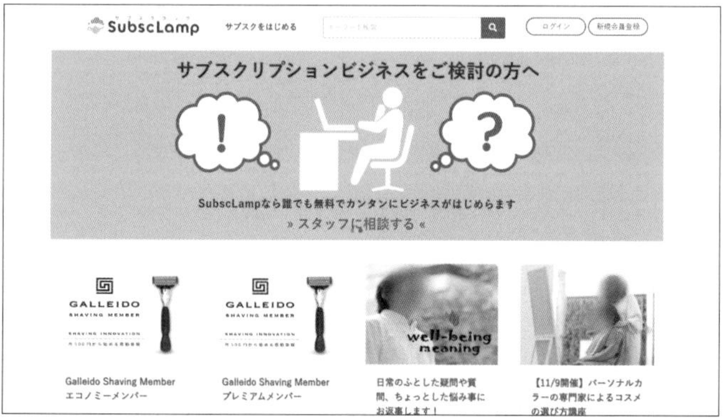

▲中小企業や個人でもかんたんにサブスクリプションを提供できるプラットフォーム「SubscLamp」が、2019年9月にサービスを開始。商品管理、売り上げ管理、顧客管理などをすべてSubscLamp上で行える。このように、今やサブスクリプションビジネスは個人事業主レベルにまで門戸が広がりつつある。

036

常に流行や変化に応える ファッション性

交換のしやすさと豊富なアイテム数が魅力

その年のファッションの流行色は、インターカラー（国際流行色委員会）と呼ばれる国際団体の話し合いで決められています。それを踏まえて日本流行色協会（JAFCA）という団体が日本の流行色を決めます。ファッションブランドの多くは、こうした流行色をあらかじめデザインに反映してアイテムを作り、テレビや雑誌などのメディアも追随して流行を発信していきます。一方で、ファッションはその人の**嗜好や体形というパーソナルな要素が大きい**ため、好き・嫌い、似合う・似合わないといった判断が最終的に製品価値を決めます。流行に乗って買ってみたものの、利用しないまま無駄になることも珍しくないでしょう。

しかしサブスクリプションなら**アイテムの短期間での交換が可能**なため、常に最新の流行を試したり、着たことのないスタイルに挑戦してみたりすることもできます。サブスクリプションでは**数万点など膨大な点数のアイテムを取り揃えている**サービスが多く、あらゆる流行やスタイルに対応しやすくなっています。SNSによってファッションがより個性化した時代に応えたサービスといえます。

ただし、短期間でのアイテムの交換回数が多くなると、サービス提供側の送料や手数料の負担がそれだけ多くなってしまいます。サービス提供側は**交換までの最低日数を設けたり、交換までの日数が短い場合は手数料を追加する**などの工夫が必要です。たとえばバッグレンタルサービスの「Laxus」では、同月内に2回以上交換する場合は荷造手数料が必要になるシステムを導入しています。

移り変わりの早い流行への対応力がポイント

月に何回でも交換できるairCloset

「レギュラープラン 」「レギュラーパック」なら…

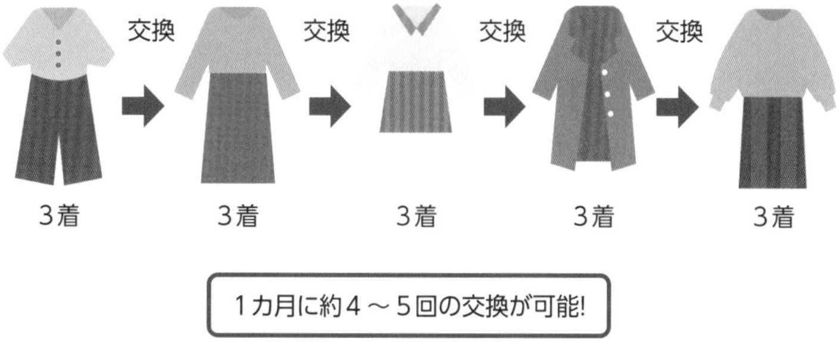

▲airClosetの「レギュラープラン」「レギュラーパック」は、1回に3着借りられ、月に何回でもアイテムの交換が可能。返送と配送の時間を考慮すると、1カ月に約4～5回は交換が可能で、最大約18着も借りられる計算になる。

提供側は交換費用がかさまないための工夫も必要

●airCloset「ライトプラン」　●Laxus

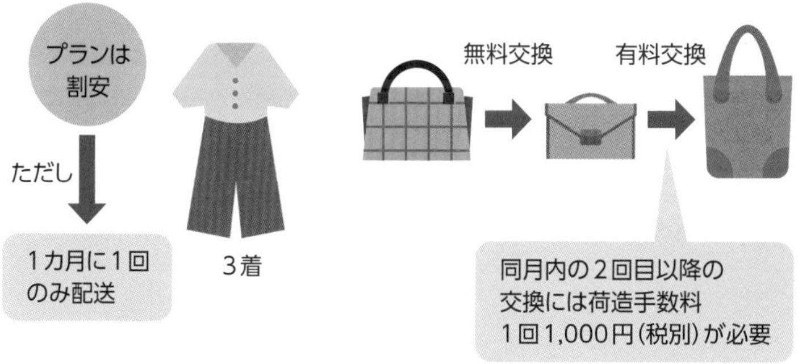

▲airClosetの「ライトプラン」は割安のかわり、1カ月に1回のみの配送が基本。また、Laxusでは同月内の2回目以降の交換には荷造手数料1回1,000円（税別）が必要。このように運用コストを考えたプラン設計も重要になる。

037 従来よりコストを低下させる経済性

少額で多くの種類を利用できる

サブスクリプションの利用者にとってコスト面での第1のメリットは、初期費用が抑えられることです。従来の買い切りでは購入時に製品代金を一括で支払う必要があります。手元に資金がなければ、借り入れや分割払いという方法もありますが、途中で製品が不要になったからといって、支払いを中止することはできません。しかしサブスクリプションなら、**少額の課金ですぐ利用でき、不要になればすぐ解約できます**。これまでコストがネックとなって製品の導入を諦めていた中小企業もその製品価値が利用でき、個人も憧れの高額製品を利用できます。提供側も、**新たな顧客層を獲得できる**というメリットに与れます。

第2のメリットは、同じコストで得られる価値の増大です。買い切りの場合、何度も使うことはできても、それ以外の製品は使えません。ところがサブスクリプションでは、**さまざまな製品群から、ニーズに応じて利用者が選んで利用できる**サービスが多くを占めます。とりわけオンラインで提供されるコンテンツやサービスの場合、物理的な制約を受けにくいので、数多く利用するほど製品当たりの利用コストは下がります。提供側も、デジタル製品をオンラインで提供するのであれば**生産費用を抑えられます**。

第3のメリットは、**製品の保管・維持費用が節約できる**ことです。たとえば自動車なら駐車場代や維持費がかかりますし、企業のサーバーなら設置スペースや管理費用が必要になります。サブスクリプションなら、こうした費用も気にせずに済みます。

利用者も提供者も得をするサブスクリプション

デジタルコンテンツはとくにコストパフォーマンスが高い

●iTunes

●Apple Music

▲たとえば、「iTunes」で販売されている30曲収録のあるアルバムを購入すると1,050円かかる。しかし、月額980円を支払って「Apple Music」に加入すれば、約5,000万曲以上の楽曲がストリーミングで聴き放題になる。こうしたデジタルコンテンツには配送のタイムロスや在庫切れなどといった物理的制約がないため、コストパフォーマンスは格段に高くなる。

提供者にもさまざまなメリットがある

●顧客層の拡大

●生産費用の節約

▲サブスクリプションなら高額製品でも小額からの支払いで利用できるため、これまではターゲットにならなかった顧客層も取り込むことができるようになる。また、ストリーミングやコピー、レンタルなどによってサービスを提供している場合、物理的製品などの余計な生産費用が抑えられる。

Column

日本人の約7割がサブスクリプションに好意的

2018年に世界12カ国で実施された調査では、日本人のうち75%が「持っているものを減らしたい」、そして72%が「持っているものはステータスにならない」と考えていることが明らかになりました。日本では21世紀に入ってから「断捨離」が流行しており、モノへの執着心はかつてよりも薄れつつあります。生活における無駄＝使わないモノ、を減らすことで、快適度を高められることを多くの人が認識しつつあるからでしょう。また、日本は人口密度が高いうえ、都会であるほど居住面積が狭く、モノの保管場所が少ないことも、こうした考えに拍車をかけていると思われます。同調査では日本人の73%が「サブスクリプションがモノを所有するより安い金額で、効果（結果）が変わらないのであれば、サブスクリプションを前向きに検討する」と回答しており、サブスクリプションが受け入れられてきていることがうかがえます。

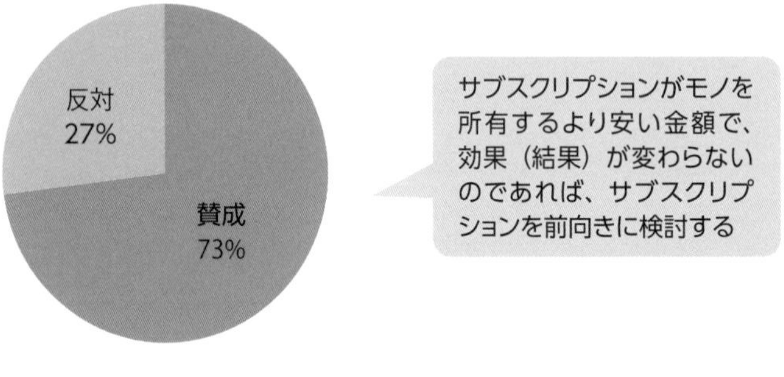

出典：Zuora社「世界の「サブスクリプション」における実態調査」
http://info.zuora.com/PressRelease_20190509.html

▲サブスクリプションを前向きに検討する日本人が多く、普及の土壌は整ってきている。

Chapter 4

失敗しない！　サブスクビジネス実践の基本

038

顧客満足と継続利益でWin-Winの関係を目指す

契約継続の鍵は顧客満足度の向上

サブスクリプションは利用者の契約継続を前提にした収益モデルのため、チャーン率（解約率）が高くなるにつれ収益も減っていきます。顧客をどれだけ獲得できても、継続率が低ければ収益につながりません。**少しでも長くサービスを使ってもらうためには、従来以上に顧客満足度を高めることが重要**になるのです。

顧客満足度を高めることで成功したサービスの代表例は、動画配信サービスの「Netflix」です。Netflixは、1カ月当たりの利用者の視聴時間が一定水準を下回ると解約率が急激に高くなるという分析結果を得て以来、利用者の視聴時間を増やすための取り組みに注力するようになりました。たとえば、競合他社に先駆けて高画質の4K HDRコンテンツを配信したり、最新音響技術のドルビーアトモスを導入したり、自社のオリジナルコンテンツの製作に力を入れたりするなどの戦略を次々に打ち出しています。この戦略が功を奏し、日本のオリコン顧客満足度ランキングの定額制動画配信部門において、**2017年～2019年の3年連続で総合1位を獲得**しました。また、右図のようにサービスを家族や友人に薦める可能性を10段階でアンケート調査し、その回答から導く「NPS」（ネットプロモータースコア）と呼ばれる指標でも、Netflixは**動画配信サービス部門で1位を獲得**しています（NTTコム オンライン・マーケティング・ソリューション「NPSベンチマーク調査2019」）。**このNPSは顧客に継続利用する意向がどれだけあるかをより直接的に示す**ため、施策の前後でNPSを比較するなどして活用しましょう。

顧客を満足させて契約の長期継続へ

顧客満足度向上に注力したNetflix

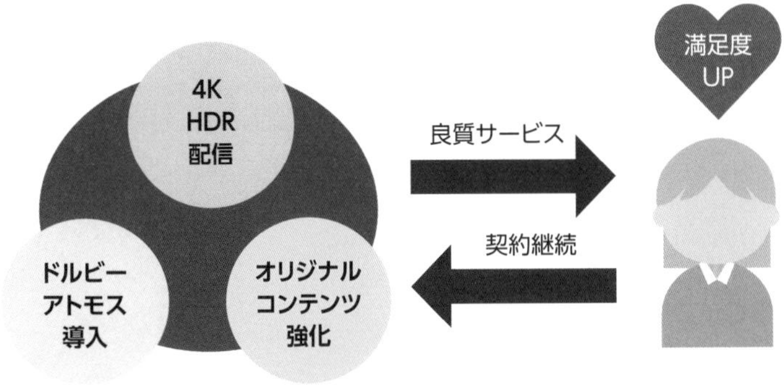

▲Netflixは高品質なサービスと独自性のあるコンテンツを提供することで顧客満足度を改善。その結果、契約継続率が長くなり、安定した収益の獲得に成功した。利用者とサービス提供者にとってWin-Winの関係を目指していくことが大切だ。

NPSを把握してサービス充実度の指標に

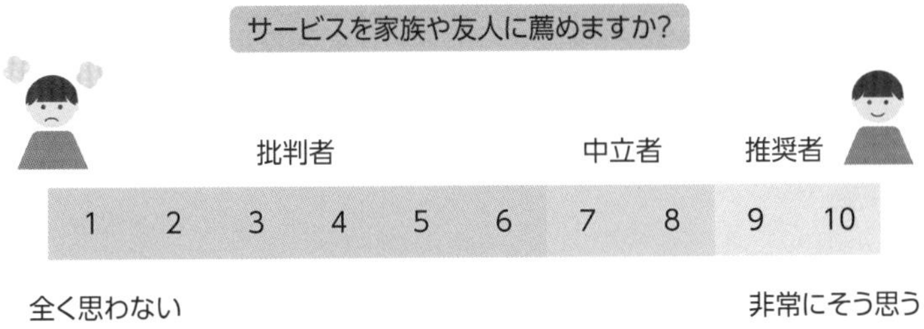

推奨者の割合 − 批判者の割合 ＝ NPS

▲NPSは顧客満足度調査よりも業績との相関が高いことから、近年注目されている重要な指標だ。たとえば推奨者が40%、批判者が20%の場合、「40-20=20」でNPSは20となる。施策の前後でNPSがどのように変化するかを調べるなどして、ビジネス戦略に活かしたい。

039
顧客とのエンゲージメントを確立する

顧客との関係と信頼を向上させて惹き付ける

顧客エンゲージメントはとりわけサブスクリプションで重要です。顧客エンゲージメントとは企業と顧客の間で築かれた関係や信頼のことを指します。サブスクリプションで重要になる利用者の契約継続には、この関係や信頼が欠かせません。同じく契約継続を左右する顧客満足度（038参照）は製品やサービスに限った利用者の評価ですが、**顧客エンゲージメントは製品やサービスを利用していなくとも生じ得る、提供者と消費者の間の関係性**です。製品やサービスを提供する企業がその姿勢を発信し、消費者がそれに共感することで成立します。

顧客エンゲージメント確立の手段として重要性が高まっているのが**TwitterやInstagramなどのSNS**です。SNSによって、製品やサービスをより身近に宣伝できることに加え、これまでは難しかった企業と消費者との直接交流が容易になりました。既存顧客の愛着を強めたり、新たな顧客の獲得につながっています。一方で、企業としての姿勢や顧客対応が一貫していないと、反対に顧客エンゲージメントを失う可能性があることに注意が必要です。

顧客エンゲージメントは同業他社との大きな差別化になります。**同じ成果が得られるなら、顧客はエンゲージメントの強い企業を選びます**。企業としての姿勢を広く発信し、それを具現した製品やサービスを顧客ごとに最適化して提供すれば、顧客エンゲージメントはより強固になります。結果として、解約や乗り換えは起こりにくくなり、顧客との長期的で安定した取引関係につながります。

顧客エンゲージメントは企業と顧客間の特別な価値

顧客満足度と顧客エンゲージメントの違い

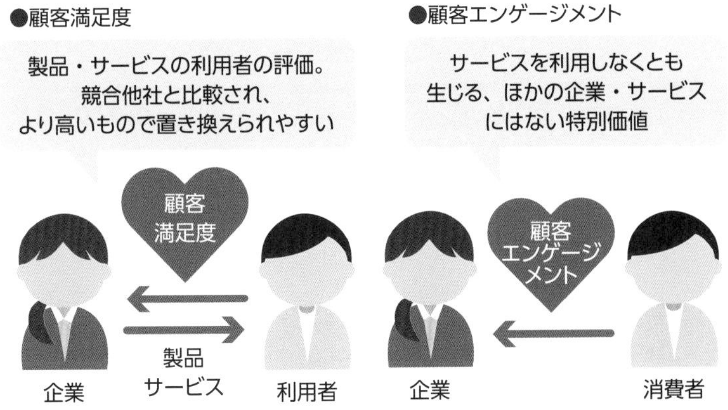

▲顧客満足度は製品やサービス自体のもたらす満足度だが、顧客エンゲージメントは製品やサービスを利用していなくとも生じ得る。また、顧客エンゲージメントは企業と顧客との間の個別の価値であるため、同業他社と置き換えにくく、差別化の要素となりやすい。

消費者との交流でエンゲージメントを高める

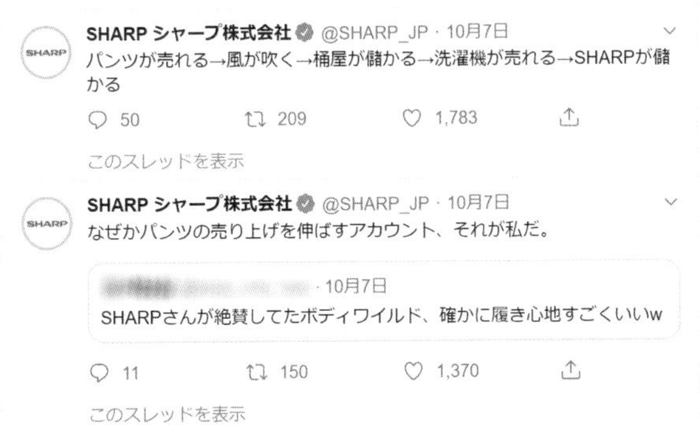

▲顧客エンゲージメントを高めるうえで効果的なのがTwitterなどのSNSだ。企業と消費者との垣根のない直接交流によって親しみが生まれ、販売・契約につながりやすくなる。企業の姿勢が一貫していると、よりエンゲージメントを高めやすい。

040

開発・営業・財務まで組織を横断する

製品・サービス中心から顧客中心の組織形態に

マーケティング担当が市場調査を行い、企画担当が製品を企画し、製造担当がそれに基づいて製品を開発する。財務担当が適正な価格を付け、営業担当が店舗などの販売チャネルに営業をかけ、販売チャネルを通じて顧客が製品を購入する。このような**従来のビジネスモデルの中心にあったのは「製品」**でした。製品ファーストのビジネスモデルは、大量生産・大量消費を前提としたシステムで、顧客本意ではありません。企業と顧客の間に何段階もあり、個の顧客ニーズが見えなくなるのです。

サブスクリプションビジネスを成功させるためには、こうした従来の組織における各部門の枠組みを壊す覚悟で臨む必要があります。これまでに解説した顧客満足やエンゲージメントの重要性からもわかるように、サブスクリプションでは**製品ではなく顧客を中心に据えた「顧客ファースト」の姿勢が大切**です。業務分担が明確な組織ほど、組織の論理が優先されがちで、顧客を最優先するという発想ができません。従来の組織の壁を取り払い、マーケティング・企画・製造・財務・営業が一体となって顧客一人一人の情報を共有することで、これまでの組織では見えてこなかった顧客ごとの動きやニーズが見えるようになります。そこで初めて顧客が真に欲していた製品やサービスを柔軟に開発・提供することが可能になります。サブスクリプションを成功させるためには、各部門長が顧客ファーストの発想を理解し、組織の枠組みを超えたビジネスモデル改革を進める必要があります。

製品ファーストから顧客ファーストのビジネスモデルに

●製品ファーストのビジネスモデル

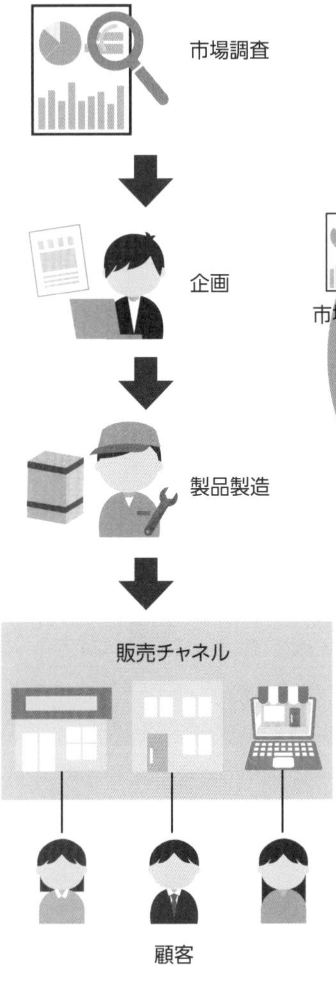

●顧客ファーストのサブスクリプション

▲従来のビジネスモデルは上意下達で各部門の壁が厚いため、顧客の要望を汲み取りづらく、サービスも行き届かない。一方の顧客ファーストのサブスクリプションは、顧客との距離が近いためニーズを汲み取りやすく、製品やサービスを顧客がより満足するかたちで提供しやすい。

041
デジタルトランスフォーメーションで新たな価値を見いだす

利用者のニーズを捉えるために必須となる

003で解説したデジタルトランスフォーメーションは、サブスクリプションを強力に後押しします。しかし、**まず利用者のニーズを分析し、それを叶えるためのデジタル技術の活用方法を考える**手順でなければ、顧客ファーストのデジタルトランスフォーメーションは実現できません。042で詳述しますが、サブスクリプションで収集可能なデータの量は買い切りの比ではありません。そうしたデータを効率的に収集し、的確に分析する手法を確立すれば、利用者のニーズがありのまま見えてきます。そのうえで、そのニーズを組織全体で共有し、それを満たすために自社ができるサービスを検討するのです。各部門の垣根を越えて、ニーズを満たすために導入すべきデジタル技術とその活用法を追求して初めて、最適な形でのデジタルトランスフォーメーションが実現します。デジタルトランスフォーメーションは顧客満足度向上の目的と同時に顧客ニーズ把握の手段でもあります。たとえばIoTを製品に組み合わせれば、製品の利用データが収集でき、利用者のニーズ分析に活きるでしょう。

特定のデジタル技術の活用方法を画一的に考えないことも重要です。たとえば360°映像の技術を不動産業で活用した場合、部屋探しの手間を省くために、スマートフォンを使って部屋の隅々まで内見できるようにする方法があるでしょう。しかし動画配信業やエンターテインメント業では、360°映像自体を映像コンテンツとして活用できます。前者は技術が手段として用いられていますが、後者はそれ自体が目的として用いられている点で大きく異なります。

顧客を満足させて契約の長期継続へ

利用者のニーズを出発点に考える

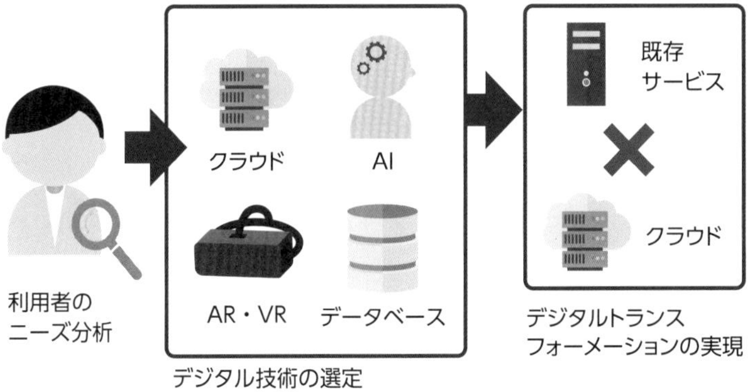

▲デジタルトランスフォーメーションは、あくまで利用者のニーズを叶えるためのもの。ニーズを出発点として、その実現のためにデジタル技術を活用するという視点が重要だ。

デジタル技術の活用方法はさまざま

●360°映像での部屋探し　　●360°映像の動画鑑賞

▲同じ360°映像でも、手段として活用できることもあれば、目的自体として活用できることもある。特定のデジタル技術の活用方法を画一的に考えず、さまざまな可能性を検討したい。

042
利用者から集めたビッグデータを活用する

サービス向上や製品開発に役立つビッグデータ

利用者が製品やサービスを購入・利用する際の行動から、さまざまなデータを収集できます。製品・サービス名、購入・利用時間、そのときの天気、年齢や性別、比較した製品・サービス名など、得ようと思えば際限はありません。こうした多様なデータを膨大に収集したものは「ビッグデータ」と呼ばれ、ビジネスへの活用が不可欠になってきています。とくにサブスクリプションでは契約期間を通じて、継続的に顧客の行動データが集まります。

集めたビッグデータを分析し、**データどうしの関連性を暴き出し、ビジネスの改善につながる一定の規則を見出す**のが次のステップです。たとえば楽天は、ユーザーIDにより消費行動データなどを収集して分析し、購買の見込みがあるユーザーを抽出して、最適な広告を配信するシステムを導入しました。またローソンでは、Pontaカードやカメラ映像などから収集したデータを分析し、商品のセミオート発注や、商品・在庫の最適化などに取り組んでいます。

サブスクリプションでは利用者との関係が長期的に継続する分、こうしたデータをより多く収集できるため、買い切りのビジネスよりマーケティングに非常に有利なのです。ビッグデータを瞬時に収集・分析するために、ユーザーIDで利用者の消費行動を追跡できる必要があり、**ビジネスシステムのデジタルトランスフォーメーションを進めることが必須**です。また、こうしたデータの収集・分析を専門に担う「データサイエンティスト」を雇用・育成できると、より効果的な運用が可能になります。

ビッグデータを分析・活用してビジネスを最適化

広告配信を最適化した楽天

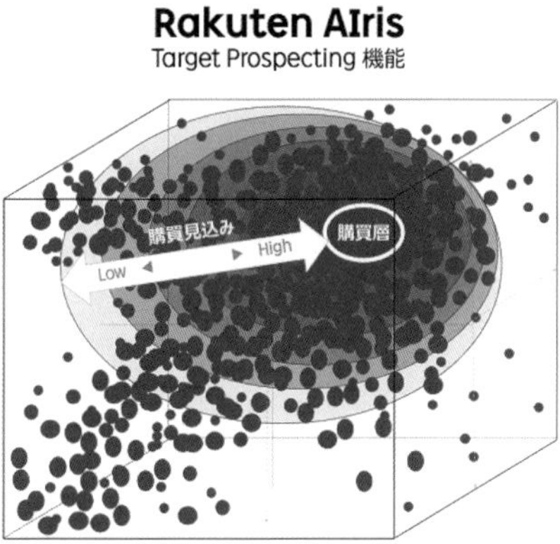

出典：楽天プレスリリース
「楽天、ビッグデータを分析して
消費行動を理解するAIエージェント
「Rakuten AIris」を開発」
https://corp.rakuten.co.jp/news/update/2018/0522_01.html

▲楽天は2018年、約1億のユーザーIDに紐付けられた消費行動分析データなどのビッグデータをマーケティングに役立てるべく、AIによる分析システム「Rakuten AIris」を導入。見込み客を抽出することで、最適な広告配信が実現できるようになった。

ビッグデータの活用戦略を次々に打ち出すローソン

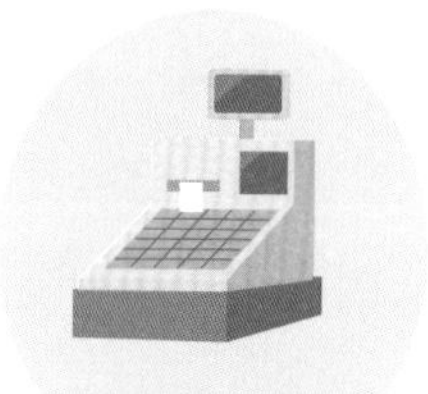

「Pontaカード」の
データを活用した
セミオート発注システム

店舗内での顧客の行動を
モニタリング・分析する
インストア分析

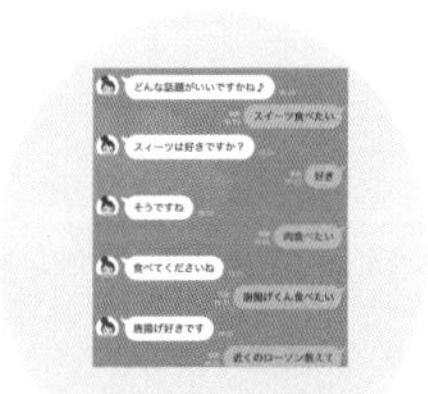

AIチャットボットとの
会話データからの
情報収集

▲ローソンはビッグデータを活用して、発注のセミオート化や、商品・在庫の最適化などに取り組んでいる。店舗内の顧客行動のモニタリングや、LINEのAIチャットボットとの会話など、データの収集手法も幅広い。さらに、2025年までに全商品にICタグを取り付け、流通・管理を最適化する戦略も発表している。

043
利用者の不満を吸い上げるシステムを作る

利用者の不満は貴重な品質向上の原石

NPS(038参照)における推奨者のような歓迎すべき優良顧客でも、サービスを継続利用していれば何らかの不満を抱くものです。こうした不満が積もり積もっていけば、やがては批判者に転じてしまうでしょう。反対に、不満を吸い上げて改善につなげれば、批判者を推奨者に変えることも可能です。不満は品質向上の原石ともいえるため、正確に吸い上げるシステムを整えることが大切です。

とりわけ**オンラインビジネスの場合、利用者が企業の担当者に直接連絡を取る手段がわかりにくい**ことが珍しくありません。円滑に相談できる窓口を開設することが重要です。たとえばスーツレンタルサービスの「着ルダケ」は、想定する客層が昼間は勤務中で電話などをしづらいことを想定し、**19時～23時限定のチャット問い合わせサービスを設けました**。担当者がリアルタイムに対応するため、利用者を待たせることもありません。サブスクリプションは直販化しやすいことが利点であり、販売会社や小売店を介さずに、**利用者の声を直接聞く機会**を設けることもできるでしょう。たとえばキリンビールの家庭用ビールサーバーレンタルサービス「ホームタップ」では、利用者の自宅を訪問することでビールサーバーの不具合を把握し、改善につなげています。

039で紹介したようにSNSで利用者と直接コミュニケーションを取ることもできます。あらゆるチャネル（接触方法）から入る情報をビッグデータとして蓄積し、分析することで、ビジネスの改善点が見えてきます。

問い合わせ窓口の強化が必須

約半数の人が問い合わせ窓口を利用

直近3年間での問い合わせ窓口の利用手段（複数回答可）

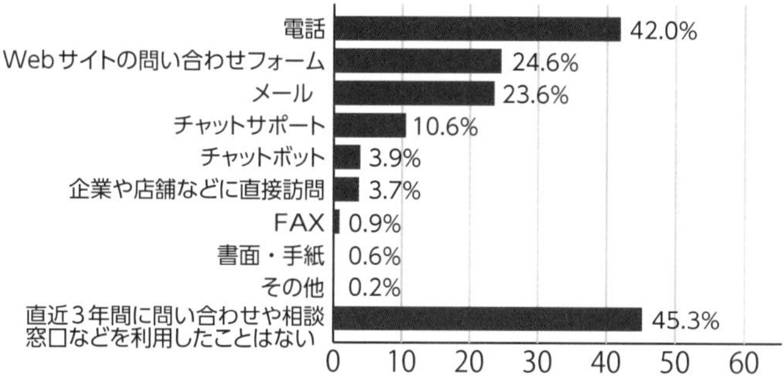

出典：マイボイスコム「問合せ窓口の利用に関するアンケート調査」
https://myel.myvoice.jp/products/detail.php?product_id=25507

▲インターネットでの約1万人へのアンケート調査の結果、約半数が問い合わせ窓口を利用したことがあると回答しており、利用手段は電話がもっとも多く、Webフォーム、メールが続く。少しでも利用者の不満を受け取めやすいよう、しっかりとした問い合わせ窓口を整備しておきたい。

不満の回収方法を工夫したい

●夜間専用チャットを設置した着ルダケ

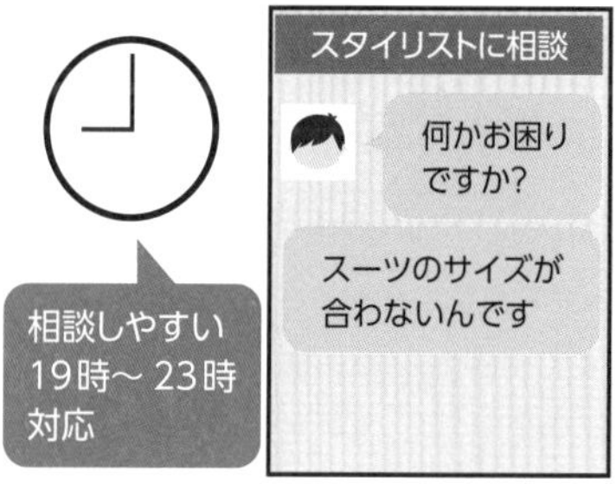

●自宅訪問を活かしたホームタップ

▲着ルダケは夜間対応のチャットを設置して相談しやすさを改善。ホームタップは直販の強みを活かし、利用者の自宅を訪問しての不満の回収を実施して改善に成功した。

044

迅速なフィードバックで製品・サービスを改善する

組織横断で迅速なフィードバックが可能に

利用者の不満をはじめ、意見や利用データなどを収集しても、迅速に各部門にフィードバックして改善につなげなければ、顧客の離脱につながりかねません。そのような事態を回避するうえで重要になるのが、情報の共有体制です。ここでも各部門の壁を低くした、組織の横断体制（040参照）が重要になります。

たとえば、利用者の意見を回収する窓口担当自体がしっかりと用意されていても、**得られた情報の価値や扱い方がわからず、窓口担当で止まってしまっている**ことはありがちです。また、窓口担当や会計担当、営業担当やマーケティング担当など、**各部門がそれぞれ回収した情報が各部門で個別に分析され、ビジネス全体の改善にはつながらない**こともあるでしょう。こうした事態はやはり、各部門が専業意識から抜けられないために起こります。収集した情報をクラウドなどでリアルタイムに共有したり、組織全体でデータを分析したりする体制を構築し、**顧客ファーストの横断的なフィードバックを総合的かつ迅速に行う**ことを心がけましょう。

こうしたスムーズなフィードバックを実現するために、**顧客フィードバックツールを導入することも1つの方法**です。たとえば、マーケティング支援事業を手がけるHubSpot社のカスタマーサービスツール「Service Hub」では、利用者とのメールやチャットなどのデータが共有の受信トレイに集約されたり、フィードバックの状況を組織全員でリアルタイムに確認できたりします。

フィードバックは総合的かつ迅速に

組織横断的なフィードバック対応

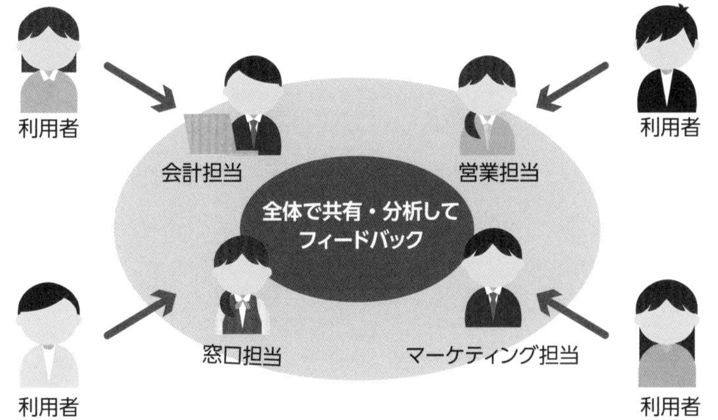

▲各部門で回収される利用者からの意見や利用データなどを、組織横断的に共有・分析すれば、迅速で適切なフィードバックが可能になる。

顧客フィードバックツールの活用も効果的

▲HubSpot社のカスタマーサービスツール「Service Hub」。利用者からのメールやチャット、フィードバック状況などを組織全体でリアルタイムに共有できるなど、顧客フィードバック機能が充実している。

045

損益計算の基本となるユニットエコノミクス

顧客ごとの収益をいかに伸ばすかに注目する

サブスクリプションは、従来の買い切りモデルのように製品やサービスごとに、売り上げから製造・販売などのコストを引いての損益計算が困難になります。そこで期ごとに事業の健全性を判断する予実管理のやり方を転換する必要があります。それが顧客（またはアカウント）当たりの経済性を基準として損益計算する方法で、**「ユニットエコノミクス」**と呼ばれます。

ユニットエコノミクスは、**「LTV」**（Life Time Value：顧客生涯価値）を**「CAC」**（Customer Acquisition Cost：顧客獲得コスト）で割ることで算出されます。LTVは顧客との取り引きの開始から終了までの期間内にもたらされる利益で、CACは顧客に契約してもらうために必要なコストです。ある期間にこの数値が**1以上（顧客当たりの収益が新規顧客1人の獲得コストを上回る）なら黒字で、1未満なら赤字**です。数値を上げるには、LTVを上げるかCACを下げるかです。LTVを上げるには顧客単価を上げる、顧客数を増やす（チャーン率を下げる）という2つの方向性があります。CACは削減するだけでは成長につながらないため、いかに顧客数増加に効果的なマーケティング施策を打てるかが重要です。

また、顧客を獲得するチャネル（媒体や訴求手法）もポイントになります。**チャネルによって顧客の質が異なり、CACはもちろん、LTVも変わってくる**からです。チャネルごとにCACとLTVを算出して費用対効果の高いチャネルを把握できれば、ユニットエコノミクスの改善につなげられるでしょう。

ユニットエコノミスクの算出方法

●ユニットエコノミクスの計算式

ユニットエコノミクス ＝ LTV（顧客生涯価値） ／ CAC（顧客獲得コスト）

3（LTVがCACの3倍）以上が健全性の目安

●LTVの計算式

LTV（顧客生涯価値） ＝ 顧客当たりの期間収益（平均） ／ チャーン率（解約率）

顧客満足度や顧客エンゲージメントが高い顧客ほどLTVが大きくなる

●CACの計算式

CAC（顧客獲得コスト） ＝ 顧客獲得にかかる総コスト ／ 新規顧客獲得数

チャネルごとのCACを把握すれば費用対効果の高いチャネルがわかる

▲業種や商材によっても変わってくるが、健全なユニットエコノミクスの目安は3以上であるといわれている。チャネルによる顧客の質も考慮しながら、CACを下げつつLTVを上げていきたい。

046

LTVを最大化するように価格を決める

最適な価格を算出するために必要な要素とは

LTVを上げるには価格を上げるか顧客数を増やすかですが、この2つは相関するため、LTVを最大化する価格設定を見つけることがビジネスの成否を分けます。考慮すべき要素は、「販売価格」「平均継続回数」「顧客数」「原価」「広告費」「諸経費」です。前半3つから売上高が算出でき、そこから後半3つの経費を差し引くと損益が計算できます。各項目に予算を当てはめて損益分岐点を計算し、価格を設定します。試算どおりにいかない場合は、運用データや顧客からのフィードバックを分析し、迅速に対応ができるのもサブスクリプションの利点です。

価格設定の考え方には大きく「コスト基準型」「競争基準型」「マーケティング戦略基準型」の3つがあります。**コスト基準型**は、原価や諸経費に利益を上乗せしたものを価格に設定します。製造業でもっとも一般的ですが、顧客ニーズに一致するとは限りません。**競争基準型**は、同業他社の相場価格を基準とし、品質を考慮して価格を上下させる方法です。顧客が納得しやすい一方、競合と比較されやすくなります。**マーケティング戦略基準型**は、顧客属性に応じて複数の価格プランを用意するなど、顧客を中心に設定します。まったく市場にない新商品なら、顧客の値ごろ感の範囲で最大にすることもできますが、シェア獲得を優先して低めにすることもできます。

市場に応じてこれらを組み合わせて適正価格を探すことになります。**多少価格が変動しても需要が変わらない価格帯が存在する**という「グーテンベルグ仮説」も、販売価格設定の参考になります。

利益が最大化される適正価格を求める

ユニットエコノミクスの損益分岐点

売上高（販売価格×平均継続回数×顧客数） － 原価 － 広告費 － 諸経費 ＝ 利益or損益

原価300万円、広告費200万円、諸経費100万円の製品の損益分岐点は…

①販売価格を1,000円に設定し、平均継続回数3回で顧客2,000人が利用した場合

売上高：600万円
原価：300万円
広告費：200万円
諸経費：100万円

損益0円＝損益分岐点

②販売価格を900円に設定し、平均継続回数3回で顧客2,500人が利用した場合

売上高：675万円
原価：300万円
広告費：200万円
諸経費：100万円

利益75万円

▲上記の場合は、販売価格1,000円が損益分岐点となる。販売価格を下げると顧客数が増えて利益が生じ、反対に販売価格を上げると顧客数が減少し損益が悪化するかもしれない。こうしたシミュレーション分析をもとに、適正価格を求めていく。

需要曲線とグーテンベルグ仮説

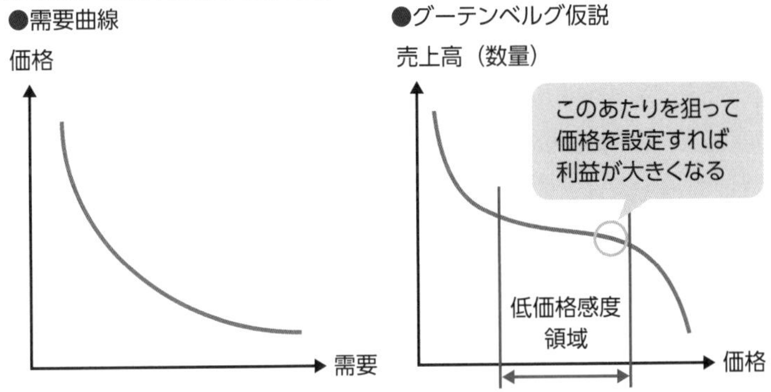

▲経済学においては、価格が高くなると需要が減少し、価格が低くなると需要が高くなる「需要曲線」がしばしば用いられる。しかし近年は、多少価格が変動しても売上高が変わらない「低価格感度領域」と呼ばれる価格帯が存在することが報告されており、これを「グーテンベルグ仮説」と呼ぶ。この価格帯の中でもっとも高い価格を設定すれば、大きな利益を生み出せる。

047 経済合理性を算出しにくいビジネスにする

あまり損得がはっきりしすぎてしまうと不都合になる

コーヒーの飲み放題や既存ソフトウェアの定額制など、商品単価がはっきりしていると、**利用者が具体的な損得＝経済合理性を容易に算出できてしまいます**。何回利用すれば元が取れるのか、本当にお得なのかがわかりやすく、ユーザーは買い切りの場合や競合他社と比較して、どちらが得なのかということがかんたんに判断できます。このような事態はあまり好ましいものとはいえません。なぜなら、**提供コスト以上に利用する人が多く残り、そうでない人が解約してしまうと、事業が成り立たなくなる**からです。こうした事態を防ぐためにも、提供者側は経済合理性で判断されないビジネスに変える発想が必要になります。

そのためには、自社の買い切り商品や競合商品とは単純に比較できない価値を提供するビジネスに変えることです。とはいえ、必ずしも他社にない画期的な商品を開発しなければならないわけではありません。**既存の商品やサービスの組み合わせでも、単純に経済合理性が計算できないようにできる**ことがあります。もっとも、経済合理性の比較から逃れられないタイプの商材もあるでしょう。その場合は利用者がお得だと感じるインセンティブをどれだけ事業計画の範囲で提供できるかを考えてみます。まずは既存の商品を売る前提で顧客エンゲージメントの構築方法だけを変更し、利用者の動向を掴んでから、徐々に調整してもよいでしょう。顧客エンゲージメント構築と、サブスクリプションの商品開発を同時にやる必要はありません。両者をしっかり分けて戦略を練っていきましょう。

経済合理性が算出できると提供者が不利になる

値札を置き換えただけでは損得が明確

1杯300円のコーヒーが月額3,000円で飲み放題になる場合

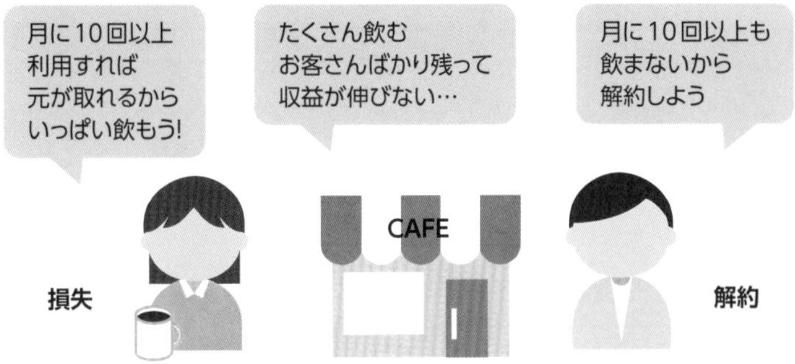

▲単純に買い切りから定額制に値札を置き換えただけのサブスクリプションは、利用者の損得が明確だ。その結果、得をする利用者ばかりが契約を続けがちになり、収益につながりにくい。

商品やサービスを組み合わせれば損得があいまいに

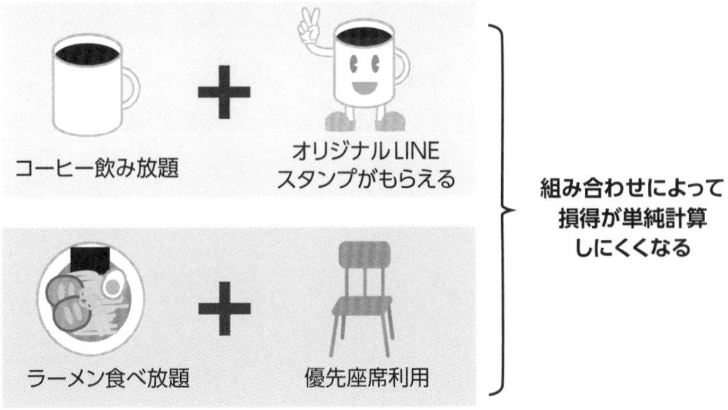

▲既存の製品やサービスでも、別の製品やサービスを組み合わせれば、経済合理性が算出しにくい新たな商品となる。いかに顧客の意識を損得勘定から逸らせるかがポイントだ。

048

業種によってサブスクビジネスのやり方は異なる

自社に合わせてカスタマイズする意識を大切に

サブスクリプションビジネスは業種や商材、企業規模によって最適な戦略・戦術が異なるため、より踏み込んだ応用的な要素に関しては、画一的に扱うことは適切ではありません。とくに、個人をターゲットとしたBtoC (Business to Consumer) ビジネスと、企業をターゲットとしたBtoB (Business to Business) ビジネスでは、サブスクリプションのやり方が大きく異なるため、なるべく別々に考える必要があります。

BtoCビジネスを代表するサブスクリプションといえばNetflixやAmazonが有名です。こうした企業のビジネススタイルは**利用者を少しでも多く獲得し、長く契約を継続させる施策をとくに重視したもの**です。このあとの章では、BtoCとBtoBに分けてビジネスの特性を解説していきます。まず、BtoCビジネス成功のポイントは、つづくChapter 5で詳しく解説します。一方のBtoBビジネスでは、既存顧客とのつながりがすでに構築されている場合が多いこともあり、**顧客エンゲージメントを高めるための施策がとくに重要**になってきます。知名度が高いBtoCの成功例が注目されがちですが、実はBtoBこそ今後のサブスクリプションサービスの大きな鉱脈です。こちらはChapter 6で詳しく解説していきます。

本書では業界を大きく2つに分けて普遍化できる理論を解説していますが、さらに業界によって事情は異なります。ひとまとめにやり方を考えず、自社の業種やビジネススタイルに応じて、やり方をカスタマイズしていくという意識が大切です。

BtoCとBtoBではとくにポイントが異なる

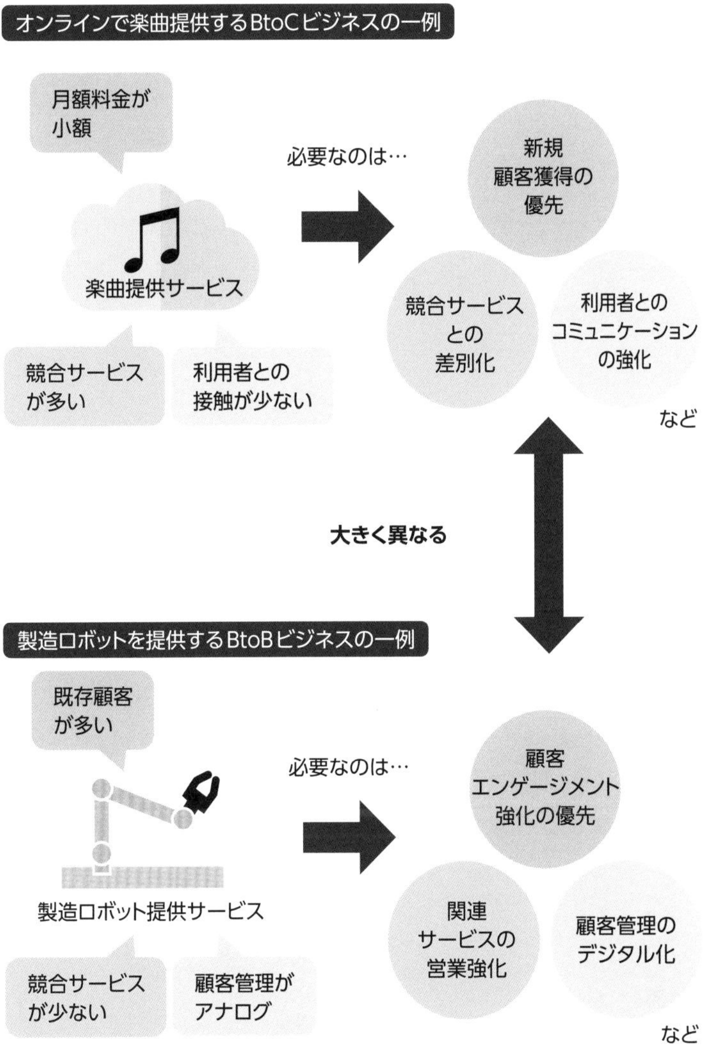

▲BtoCビジネスとBtoBビジネスではサブスクリプションを成功させるうえで大切になるポイントが異なる場合が多く、それぞれを分けて考える必要がある。自社に合わせた柔軟な戦略の立案を心がけたい。

Column

新しい顧客層への挑戦・海外展開を考える

サブスクリプション化によりビジネスモデルに変化が生まれます。うまく利用すれば、新しい顧客層を開拓することも可能です。わかりやすい例としては、価格設定の変化による顧客層の拡大が挙げられます。高額な製品の場合、若年層ではなかなか手が出ず顧客層に入りませんが、サブスクリプション化によって小額の月額料金で利用できるようになると、若年層もターゲットとして狙える可能性が出てきます。また、従来は販売代理店を経由して販売していた製品を、サブスクリプションとして直接オンラインで提供することで、これまでは取り引きが難しかった海外の消費者も顧客層に取り込めるかもしれません。もちろん、新たな顧客層をものにするには、040のように組織をそれに合わせて変革しなければなりません。サブスクリプション化によって何が変化し、その変化を有効利用するためにするべきことは何かを考えれば、絶好の成長の機会とすることができます。

サブスクリプション化で海外もターゲットに

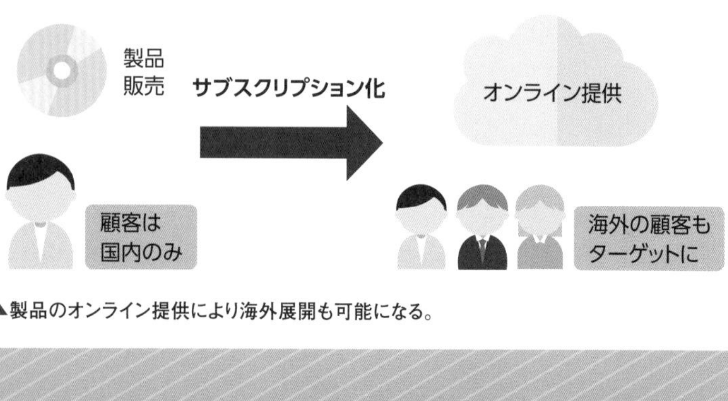

▲製品のオンライン提供により海外展開も可能になる。

Chapter 5

顧客の心をつかむ! BtoCサブスク成功の法則

049 フリーミアム戦略で初期ユーザー数を獲得する

無料によって利用者との関係をまず構築する

BtoCビジネスでは利用者ごとの利用額が比較的少ないため、少しでも多くの利用者を獲得することが重要です。そこで注目したいのが、基本的なサービスを無料にし、高度なサービスを有料にする「フリーミアム」モデルです。サブスクリプションかどうかにかかわらず、オンラインでは動画配信やSNSなど無料のサービスが普及しているため、そもそも有料サービスに対する利用者の抵抗感は以前にも増して強くなっています。そこで**まずは無料で利用者を早期に集め、サービスの価値に気付いてもらうところから始めると効果的**なのです。

もっともフリーミアムは、無料プランと有料プランが設けられているサービスだけを意味するわけではありません。Amazonのように無料の会員登録によって利用者にユーザーIDを割り振るところから始まるサービスや、基本的には無料でプレイできるオンラインゲームも、広義ではフリーミアムに含まれます。大切なのは、**収益につながるように利用者との継続的な関係が保たれていること**であり、その関係の構築のためにサービスの提供者側が投資していると考えてもよいでしょう。

ただし注意したいのは、無料で提供しても損失が少ないサービス形態でなければ厳しいということです。**フリーミアムサービスの有料会員は数パーセント以下に留まる場合がほとんど**で、大半の無料会員にサービスを提供するには、無料会員のために提供コストが増大しない形態でなければなりません。

フリーミアムのメリットと注意点

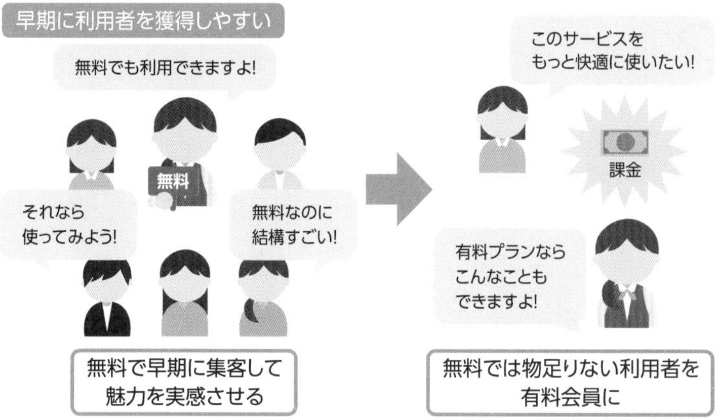

▲無料なら初めてのサービスでも安心して利用できるため、早期に集客することが可能。まずサービスのファンになってもらい、無料では物足りないと感じてもらう方向につなげられれば、利用者を有料会員に導ける。

フリーミアムサービスの大半は無料会員

●Dropboxの会員比率

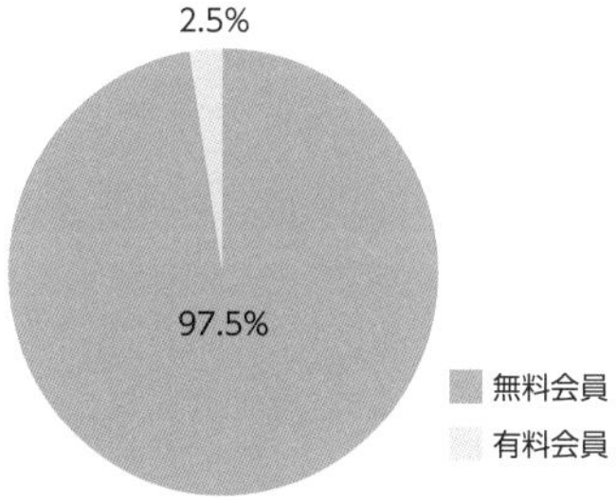

出典：Dropboxニュースリリース
「Dropbox Announces Fourth Quarter and Fiscal 2018 Results」

●niconicoの会員比率

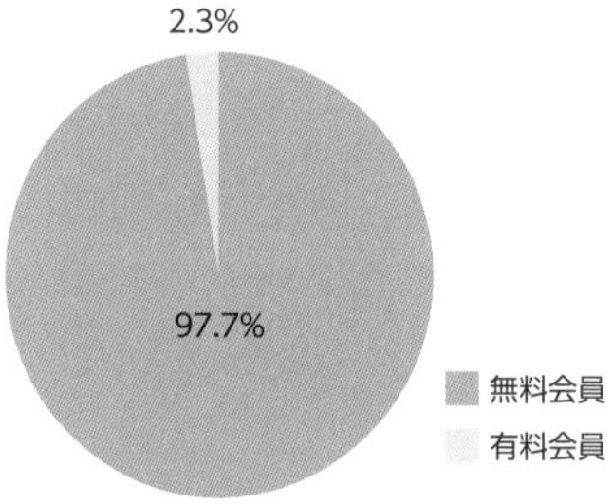

出典：KADOKAWAニュースリリース
「2020年3月期 第2四半期決算」

▲フリーミアムモデルを採用するクラウドストレージサービス「Dropbox」の有料会員は2.5%。同じくフリーミアムモデルを採用する動画配信サービス「niconico」も、有料会員は2.3%に留まる。このようにフリーミアムサービスでは大半の利用者が無料会員のため、無料会員のための提供コストが増大しないように設計しないと運営が困難だ。

050
有料転換の鍵となる プラン作成と価格設定

無料サービス分の投資を回収できる価格設定を

フリーミアムモデルは無料でも利用できるとはいえ、ビジネス上のメインは有料サービスです。しかし、無料サービスをおろそかにしては有料会員を増やせません。無料サービスの時点で魅力がなければ、有料サービスに移行しようとは思わないからです。そのため、無料でも継続したくなるサービスを提供することは当然ですが、利用者がそれに満足せず有料サービスに移行しなければ意味がありません。無料サービスの満足度を保つと同時に、**有料サービスが魅力的に感じられるようサービスを差別化する**ことがポイントです。

049でも触れたように、フリーミアムサービスでは大半の利用者は課金しません。そうした**無料サービス分の投資を回収できるようにしなければなりません**。そのためには無料会員に広告を表示したり、無料会員のコストを含めて事業を黒字化できるように料金を設定する必要があります。利用者にとって、無料から有料プランに移行することに対する心理的な抵抗は小さくありません。そこで**割安なライトプランなども交えた複数のプランを用意**して、有料会員への転換を促す工夫が必要です。有料会員になったあと一定期間は無料にするキャンペーンなども効果的でしょう。

なお、課金形態は定額制だけに限られません。利用者との関係が保持されてさえいれば、都度課金でも従量課金でも構わないのです。とくに、利用者によってサービス利用量の差が大きい場合は、定額料金に都度課金や従量課金を組み合わせるなどすれば、利用者にあまり損を感じさせません。

有料サービスに移行しやすくする工夫が肝心

無料サービスとの差別化は明確にする

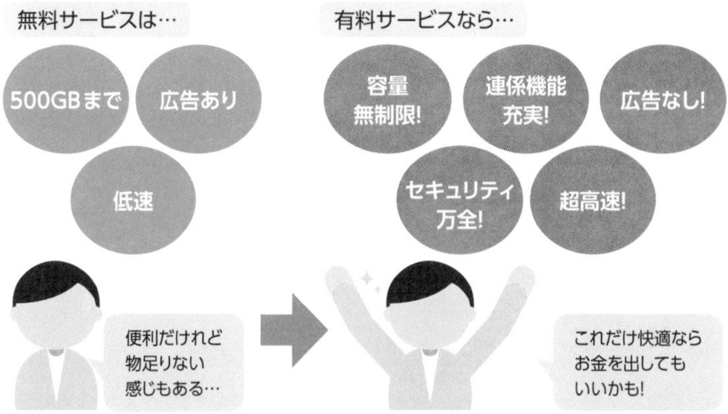

▲無料サービスでも継続したくなる程度の満足度は保つ必要があるが、あまり充実しすぎては課金する理由がなくなる。有料サービスに移行したくなるように、無料サービスとの差別化は明確にしなければならない。

利用者が損を感じにくい価格設定にする

●複数のプランを用意する　●従量課金などを組み合わせる

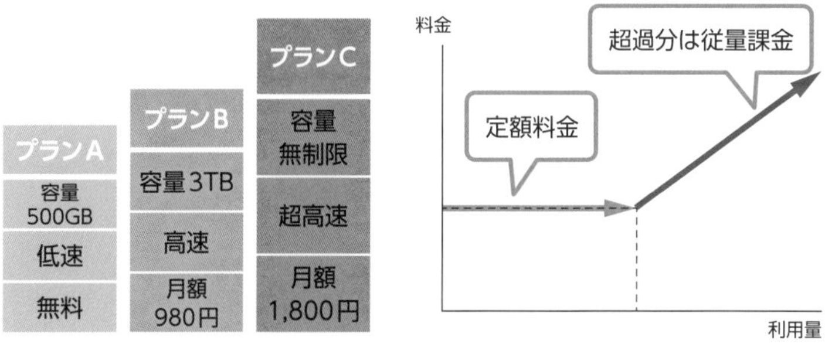

▲無料サービス分の投資を回収できる価格設定にしなければならないが、一方で利用者に敬遠されないようにもしなければならない。複数のプランを用意したり、従量課金や都度課金を組み合わせたりして、価格の最適化を模索したい。

051
紹介プログラムで利用者の輪を広げる

利用者にメリットがあれば紹介が加速する

三菱UFJリサーチ&コンサルティングの調査によれば、「商品・サービス購入時に重視する情報源」として、家族・友人・知人などの推薦を挙げた人は30.4%、口コミサイトを挙げた人は46.5%にものぼります。このように、**サービスの利用者による紹介や口コミは強力な集客効果を発揮する**ため、これを利用者獲得のために活用しない手はありません。こうした集客手法は「紹介プログラム」と呼ばれ、サブスクリプションサービスでも巧みに取り入れられています。

紹介プログラムによる代表的な成功例はクラウドストレージサービスの「Dropbox」です。当初は検索型連動広告を活用して利用者の獲得を図っていましたが、なかなか成果に結び付きませんでした。そこで既存顧客に対して、**新規顧客を紹介してもらえればストレージの容量を無料で増やす**というプロモーションを実施したのです。その結果、新規顧客を短期間で大量に獲得することに成功しました。

この例のように、**既存顧客に一定のインセンティブを与えることで紹介率は上昇**します。既存顧客だけでなく、新規顧客にも割引きなどのインセンティブを与えれば効果はさらに高まります。また、直接的な紹介ではなく、間接的な紹介を利用することも有効です。たとえば、SNSで新規入会のプロモーション記事をシェアすると抽選でプレゼントが当たるといったキャンペーンがこれに該当します。オンラインだけでなく、実店舗で配布される友人紹介クーポンなども紹介プログラムの一種です。サービスの形態に合わせて最適な紹介プログラムを取り入れましょう。

紹介の影響力を活かして効果的な集客を

3割以上の人が知人などからの推薦を重視

商品・サービス購入時に重視する情報源（3つまで）

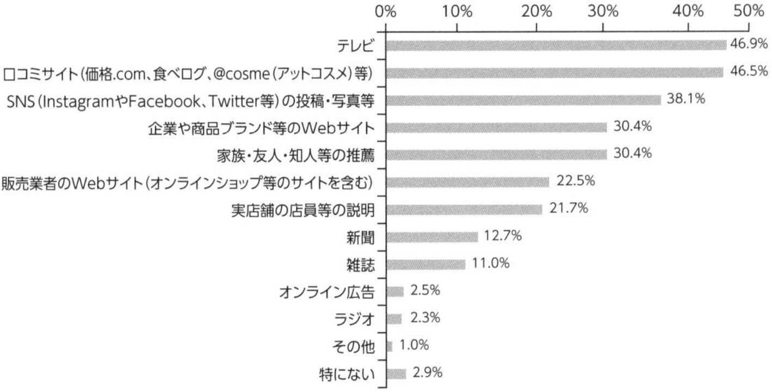

出典：三菱UFJリサーチ&コンサルティング「口コミサイト・インフルエンサーマーケティングに関するアンケート結果」
https://www.caa.go.jp/policies/policy/consumer_policy/policy_coordination/internet_committee/pdf/internet_committee_180927_0003.pdf

▲口コミサイトや家族・友人・知人などの推薦は、販売業者のWebサイトや店員の説明よりも購買行動に強く影響を与えている。SNSの影響力の高さにも注目したい。

インセンティブを用いた多様な紹介プログラム

▲サービス内の通知やメールでのキャンペーンのほか、SNSのシェアや紙のクーポンなども紹介プログラムに活用できる。既存顧客はもちろん、新規顧客にもメリットがあると紹介の成功率は高くなる。

052

解約と更新をスムーズにさせる

安心感と負担軽減が契約と継続につながる

サブスクリプションの大きな強みの1つは、短期間でも柔軟にサービスを解約できることです（031参照）。この特性のおかげで、利用者はサービスが不要になった場合に余計な出費を止めることができます。**いつでも解約できるという安心感があれば、初めてのサービスであっても契約に対する抵抗感が小さくなります**。提供者の都合で解約しにくくすると、契約の障壁を上げることになります。また、解約時に不快な思いをさせると、顧客の再び使いたい気持ちを失わせます。制度上だけでなく、操作上の解約のしやすさもポイントです。**マイページやアプリなどで解約や一時停止がすばやくできる**ことをアピールすれば、さらに新規顧客を獲得しやすくなるでしょう。なお、解約の際には解約理由をアンケートなどで回収し、改善につなげることも重要です。

獲得した顧客にとっては、契約の更新のしやすさも大切です。大きな不満がない限りは現状維持バイアスが働くので、顧客からとくに意思表示がない限りは自動継続にするのが有効です。課金においてポイントになるのがクレジットカードや口座振り替えによる自動引き落としです。毎月のように口座振り込みやコンビニ払いをしなければならない状況では、更新のタイミングで解約されかねません。場合によっては**決済手段を自動引き落としに一本化したほうが、継続率は高まる**のです。ただしその場合、契約更新のタイミングで自動更新されることを契約時に利用者にしっかりと認識させ、望まない更新で失望させないようにしましょう。

利用者のメリットになる解約・更新ルールを

解約しやすければ契約しやすい

●解約がしにくい場合

●解約自由の場合

▲解約したい顧客にはスムーズに解約させることが重要。また、契約時に最低利用期間や違約金を設けると心理的な抵抗を上げる。ただし、高額な初期投資が必要になる製品やサービスの場合は、投資を回収できなくなるリスクが高まるため、バランスを取ることが重要だ。

自動更新で継続率を上げる

●自動更新ではない場合

支払いの手間のため解約されやすい

●自動更新の場合

支払いの手間がなく現状維持されやすい

▲口座振り込みやコンビニ払いなどで契約を更新しなければならない場合は、支払いの手間が負担となり継続率が下がる。自動更新なら、反対に解約のほうが手間となるため、多少サービスの利用頻度が低くても現状維持されやすくなる。

053
利用者とのコミュニケーションでチャーン率を抑える

コミュニケーションもサービスの一環と考える

BtoCビジネスでは競合サービスが多いこともあり顧客は気軽に乗り換えがちで、BtoBビジネスよりもチャーン率（解約率）が高くなる傾向があります。そのため、とりわけチャーン率を低く抑えることが重要です。そこでぜひ大切にしたいのが、利用者とのコミュニケーションです。せっかく利用者を獲得できても、利用者を放置していては顧客エンゲージメント（039参照）が弱まり、継続しようという意思が高まりません。利用者とのコミュニケーションが適切に行われれば、**利用者は大切にされていると感じて信頼を強め、かんたんには解約されにくくなる**ものです。

ただし、一方的に営業情報を頻繁に送り付けるようなものでは、反対に利用者の心証を害してしまいかねません。そのため、**タイミングをわきまえた双方向のコミュニケーション**を心がける必要があります。タイミングとしては、契約時、注文時、返却時など、利用者が何かしら行動したときが最適です。それらのタイミングで、**行動と結び付いたアンケートやアドバイス**を行えば、自然な双方向のコミュニケーションが成立します。一定期間以上サービスが利用されなかったときに適したサービスをおすすめしたり、一定の利用量に到達したときにアップグレードをおすすめしたりなど、**行動させるべきタイミングでのコミュニケーション**も効果的です。また、サービスの利用度合いなどに応じて会員ランクを上げるといった制度も、利用者の満足感につながるコミュニケーションの一環として有用です。

利用者との関係を深める双方向のコミュニケーション

自然なコミュニケーションがポイント

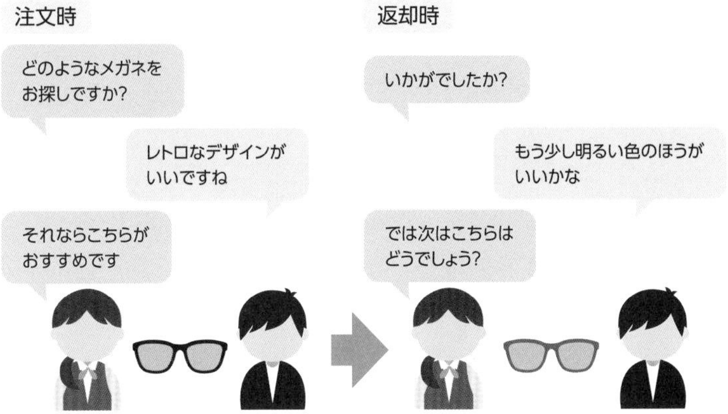

▲注文時や返却時など、利用者が行動したタイミングでアドバイスやアンケートを行うと自然で効果的。オンラインサービスの場合でも、アンケートフォームやチャットなどのコミュニケーションポイントを積極的に取り入れたい。得られた情報を改善に活かすことも忘れずに。

行動させるべきタイミングでもコミュニケーションを

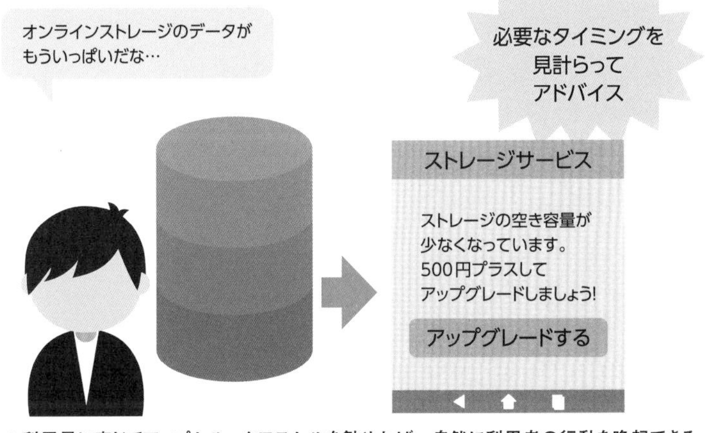

▲利用量に応じてアップセル・クロスセルを勧めれば、自然に利用者の行動を喚起できる。このように利用者の行動を先読みしたアプローチも意識したい。

054
利用者のコミュニティで結び付きを強化する

利用者どうしがつながるしくみで満足度と継続率が上昇

サービスの提供者と利用者のつながりだけでなく、**利用者どうしのつながりも、顧客満足度と継続率を高めるうえで重要**です。サービスのシステムにほかの利用者とつながるしくみがあれば、サービスに対する定着率はぐんと上がります。

たとえばクラウドで提供されるビジネスサービスの場合、1人だけで使う種類のものだと、利用頻度が下がったり、より高性能なサービスを見つけたりした場合に、かんたんに解約されてしまうでしょう。しかし**サービスにほかの利用者と共同作業するためのコミュニティ機能**が備わっており、それを使って同僚や取引先と共同作業をしていれば、安易に解約することはできません。また、共同作業のためにサービスの非会員を招待する機能や、サービスの非会員でも一部の共同作業に参加できる機能などがあれば、**新規顧客を取り込むチャンスもそれだけ増える**ことになります。

アナログ製品を扱うサービスでも、こうした利用者のコミュニティは活用できます。たとえば、スマートフォンのアプリでオーダーメイドのネイルシールサービスを提供する「YourNail」は、利用者が作成したデザインをオンラインで共有し、ほかの利用者も利用できるシステム「UGP」(ユーザー・ジェネレーテッド・プロダクト)を採用して成功しました。利用者間でデザインを評価し合ったり、ネイルについて相談し合ったりすることもでき、**コミュニティへの参加意識が継続率の向上に大きく貢献しています**。

共同作業やサービスへの参加意識がポイントに

共同作業による結び付き

クラウドサービスの例

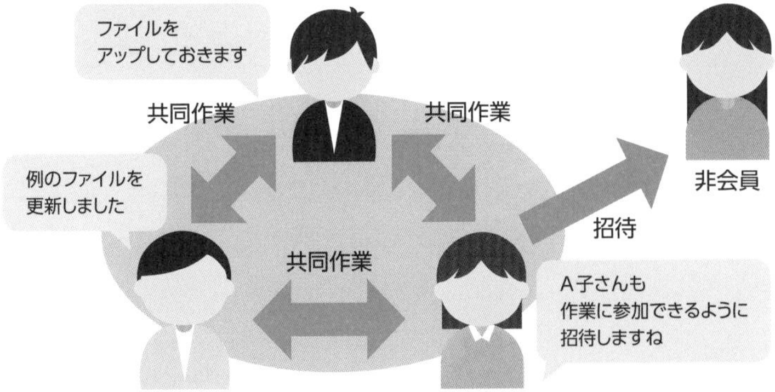

▲共同作業などのコミュニティ機能があると、利用者間のつながりが強化され、かんたんにサービスを乗り換えられない。サービスの非会員も招待などでコミュニティに巻き込めれば、新規顧客を獲得しやすい。

YourNailのコミュニティ戦略

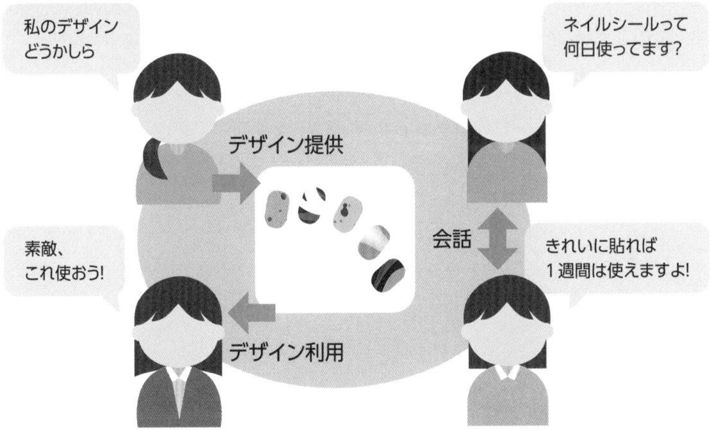

▲YourNailでは、利用者が作成したデザインを共同利用できるほか、利用者どうしで会話できるなど、コミュニティを強化して顧客満足度と継続率を上げている。

Column

クレーマーにはどう対処する?

製品をレンタルするタイプのサブスクリプションサービスで問題になりがちなのが、製品の汚損や、それにまつわるクレームへの対処です。通常の使用によって発生する範囲の汚損の場合は、サービス提供側が修理費用を負担する場合が少なくないですが、利用者に過失がある場合は、利用者が修理費用を負担しなければならない場合があります。そのため、利用者に非があるにもかかわらず、自分には過失がないと主張するクレーマーが現れて、厄介な問題になるのです。

こうしたクレーマー対応で参考になるのが、バッグレンタルサービスの「Laxus」です。Laxusでは、こうした迷惑なクレーマーや、言葉遣いが乱暴な利用者などは、即座に利用停止にすることで対応しています。当初はこうしたクレーマーの対応費用や修理費用を、あらかじめ月額料金に盛り込むことも検討していました。しかし、これまでのビジネスでの経験から、マナーの悪い利用者は全体の1%程度しかいないことがわかっていたため、ほかの99%の優良顧客がその1%の悪質顧客による損害を負担するべきではないと考え、最終的にクレーマーを利用者として扱わないという判断を下したのです。

結果的にLaxusは、クレーマーに対応するコストが省けたことでより安価な月額料金を設定できました。さらに、従業員もクレーマーに対応する苦労がなくなり、労働環境が改善されました。場合によっては、大切にすべき利用者とそうでない利用者を厳しく区別することも必要なのです。

Chapter 6

大きな可能性！　BtoB サブスク成功の法則

055
BtoCから攻めてBtoBへ拡大できるケースは少ない

BtoBには独自のサブスクリプション戦略が必要

企業をターゲットとしたBtoBサブスクリプションを成功させるために、まず個人の利用者をターゲットとすることが効果的な場合があります。その好例がクラウドストレージサービス「Box」です。Boxがサービスを開始した当初は、無料で利用する個人ユーザーが大半を占め、売り上げは1%にも満たない状況でした。しかし、**Boxを利用する個人ユーザーが企業の中に多くなれば、やがて企業自体がBoxを採用してくれるようになる**ものと考えて、あえて個人ユーザーを増やすことに注力しました。その結果、企業からの収益が大部分を占めるほどにまで、企業から利用されるようになったのです。

ただし、BoxがBtoCから攻めてBtoBへとつなげることができたのは、クラウドストレージというサービスが、**個人に対しても企業に対しても通用するもの**だからです。その実、このように個人と企業のどちらに対しても通用する製品・サービスはそれほど多くありません。たとえば、建設機械メーカーやコピー機メーカーが個人向けにサービスを展開できる余地はほとんどないでしょう。仮に個人と企業のどちらにも通用するサービスを提供している場合でも、それぞれに対するビジネスのスタンスが、Boxほど共通しているものは少ないでしょう。そのため多くの場合、**BtoBにはBtoB独自のサブスクリプション戦略が必要になる**のです。このChapter 6では、そのBtoBサブスクリプションビジネスのポイントを解説していきます。

個人にも企業にも通用するサービスかどうかで戦略が異なる

BtoCからBtoBに拡大させたBox

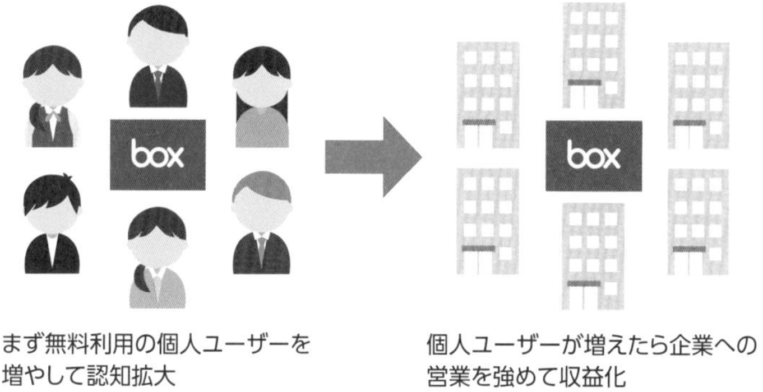

▲Boxは個人ユーザーを増やして認知を拡大してから、企業への営業を強めて成功。ただし、これは同社のクラウドサービスが個人にも企業にも通用するものであったからこそ実現できたに過ぎない。

個人に通用しないサービスはBtoB戦略が必要

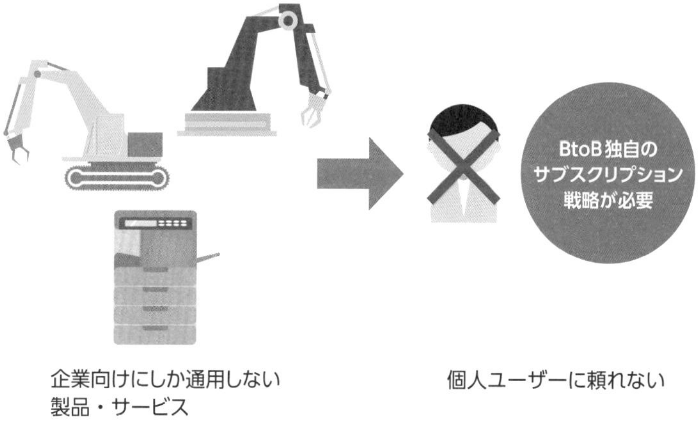

▲建設機械やビジネス機器など、企業向けにしか通用しない製品やサービスは多く、その場合はBtoB独自のサブスクリプション戦略を立てる必要がある。

056

既存顧客のエンゲージメント強化が大切

BtoBビジネスでは新規顧客よりも既存顧客を優先

BtoCサブスクリプションビジネスの場合は、新規顧客の獲得が最優先事項の1つです。NetflixやSpotifyの成功例が示しているように、利用者ごとの料金が少額であるBtoCビジネスで大きな収益を獲得するためには、新規顧客を大量に獲得することが欠かせません。しかし**BtoBビジネスの場合、新規顧客よりも既存顧客のほうが重要になる場合が少なくない**のです。

機械メーカー向けに電子部品を販売している部品メーカーを想定してみましょう。機械メーカーからの発注を受けて、そのつど販売するという契約は、従来型の買い切りビジネスです。しかし、顧客である機械メーカーは継続的に機械を生産するため、同じ電子部品を同じ部品メーカーから継続的に大口で購入することが普通です。つまり**BtoBビジネスの場合、ビジネスパートナーといえるほど顧客との結び付きが強く、顧客あたりの収益が大きいケースが多い**のです。また、部品メーカーなどのBtoB企業は競合他社の数が比較的少なく、自社と顧客との結び付きが受注競争における強みとなっている場合が少なくありません。

このようなケースでは、新規顧客の獲得に力を入れるよりも、既存顧客のエンゲージメントの強化に努めるほうが、より大きな収益につながりやすくなります。**既存顧客から集めたデータを分析して、製品やサービスを改善して満足度を向上させたり、収益構造を最適化したりし、顧客当たりの平均収益（ARPA）を増大させる**方向にサブスクリプションを活かすべきなのです。

BtoBビジネスでは顧客との関係性がすでに強い

顧客との関係性の違い

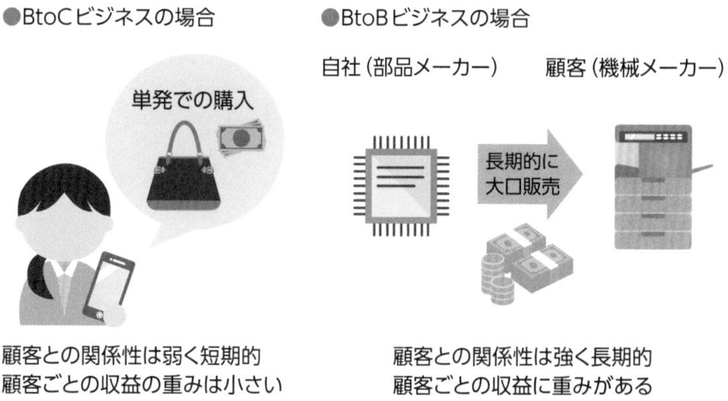

▲BtoCビジネスでは顧客と一期一会の場合も多く関係性が弱いが、BtoBビジネスの場合は従来型の買い切りであっても、すでに顧客との結び付きが強く、ビジネスパートナーの関係にあるケースが少なくない。

既存顧客のエンゲージメント強化に注力を

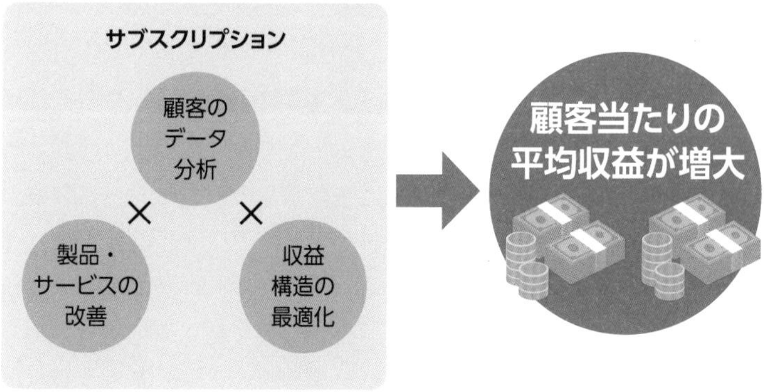

▲サブスクリプションにより、既存顧客のニーズに応える製品・サービスをより多く提供し、収益構造を最適化することによって、顧客当たりの平均収益を増やすことが重要。

057
顧客とのタッチポイントのデジタル化が急務

営業マンがタッチポイントになるだけでは不十分

042や056で顧客のデータを分析して活かすことが重要だと解説しましたが、BtoBビジネスではこのデータを収集するシステムに弱点を抱えているケースが少なくありません。

AmazonやNetflixなどに代表されるように、BtoCビジネスでは顧客管理のデジタル化が進んでおり、顧客とのつながりの場を意味する「タッチポイント」として、オンラインのマイページなどが用意されています。マイページに入力された情報や顧客の行動は即座に収集・分析され、サービスを提供する側はマイページやメールを通じて顧客に最適な営業をすばやく行うことができます。ところがBtoB企業の場合、**顧客とのタッチポイントが営業マンしか存在しない**ケースがまだまだ多く、オンラインのマイページはおろか、顧客IDすら整備されていないことも少なくありません。

もちろん営業マンと顧客とのつながりは大切に維持されるべきですが、それだけでは**顧客との関係性が営業マンのスキルや感覚に大きく左右されてしまいます**。表面上は愛想がよいものの、内心サービスに不満や要望を抱えている顧客もいるものですし、仮に営業マンがそれらを正確に汲み取っても、デジタルデータの豊富さには及びません。こうした顧客データの取りこぼしがあれば、製品・サービスの改善や営業の最適化にうまくつながりません。営業マンの与える安心感や説得力は大切にしつつ、**デジタル化されたタッチポイントでさらに顧客とのやり取りを強めることが欠かせない**のです。

顧客とデジタルでつながれば効率的でロスがない

BtoB - EC市場規模の推移

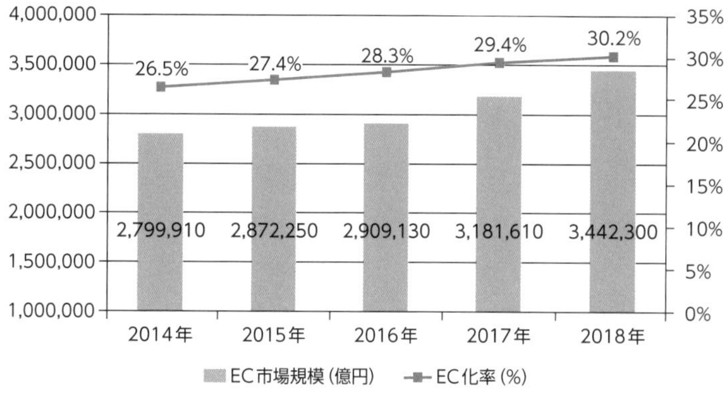

出典：経済産業省「平成30年度 我が国におけるデータ駆動型社会に係る基盤整備（電子商取引に関する市場調査）」

▲BtoBにおけるEC化率は2018年時点で30.2%とまだまだ低い。多くの企業が営業マンによるアナログのアプローチで顧客とやり取りしているのが現状だ。

デジタル化すれば改善も営業も効率的に

●営業マンの場合

●デジタルタッチポイントの場合

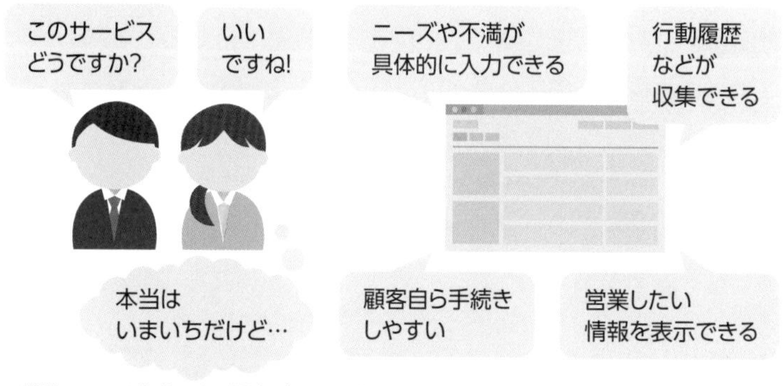

▲営業マンでは収集できる顧客データの質と量に限界がある。マイページなどデジタルのタッチポイントがあれば、正確かつ豊富な顧客データが得られるうえ、営業や契約もしやすい。

058 クロスセル・アップセルをたくみに仕掛ける

顧客企業の誰に対して営業を仕掛けるかも重要

顧客のエンゲージメントを強化し、顧客当たりの平均収益を増大させるうえで外せないのが、セットとして関連製品・サービスを勧めるクロスセルと、より高額な上位モデル・プランに切り替えてもらうアップセルです。クロスセルとアップセルはともにBtoCビジネスでも重要になるテクニックですが、**BtoBビジネスでは顧客ごとの収益が大きいケースが多いため、BtoCビジネスよりも効果的に収益を増やすことが可能**になります。また、すでに既存顧客との関係性が深いBtoBビジネスでは、ベースがある分クロスセルやアップセルにつなげやすく、重点的に注力すべきといえます。クロスセルやアップセルを積極的に仕掛けている企業ほど、**顧客のチャーン率が低くなる**傾向があることもポイントです。

ここで参考にしたいのが、アプリケーション監視サービスを提供する「ニューレリック」のクロスセル戦略です。ニューレリックでは顧客企業の経営層ではなく、自社のサービスを実際に利用している現場の技術者と直接つながりを持つことを重視し、**直接技術者に追加サービスを営業した**のです。現場でも手軽にサービスを試しやすいよう、**1カ月から利用できるプランを用意した**こともあり、結果的にクロスセルを飛躍的に伸ばしました。専門性の高いサービスの場合、顧客企業の経営層はそのサービスの意義を十分に理解できているとはいい切れません。場合によっては実際にサービスを利用して熟知している現場に売り込むほうが、クロスセル・アップセルが成功しやすいのです。

収益向上に直結するクロスセル・アップセル

クロスセルとアップセル

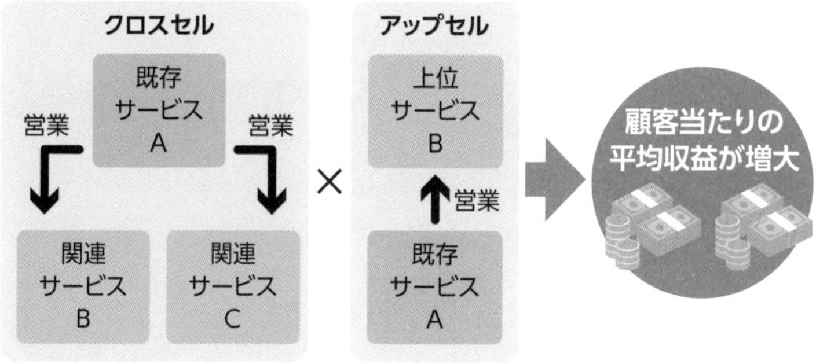

▲関連サービスを営業するクロスセルと、上位サービスを営業するアップセルを推し進めれば、顧客当たりの平均収益が増大する。

営業を仕掛ける相手もポイント

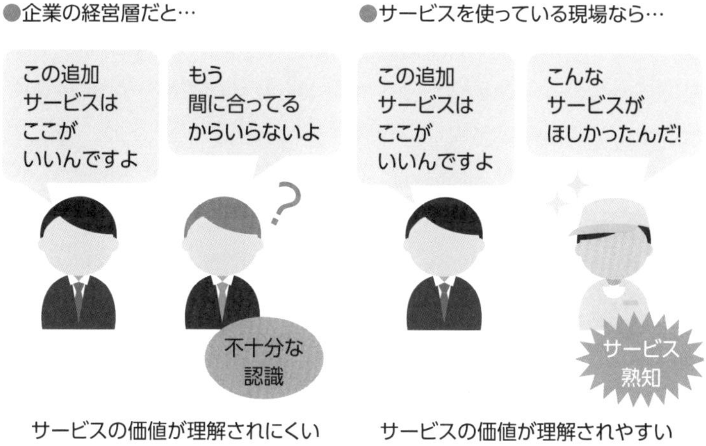

▲すでに利用しているサービスであっても、企業の経営層の理解が不十分な場合も多い。そのためサービスを実際に使っている現場の担当者に直接売り込み、ボトムアップでの成約を目指すのも手だ。

059
製品ではなくパッケージプランで売る

モノ売りからコト売りへの転換が鍵となる

顧客のエンゲージメントを強化するためには、少しでも継続的に顧客に関わり、顧客を囲い込むことが大切です。とはいえ、メインとなる製品の継続的な提供だけでは永続的な取引関係を保つために十分とはいえません。同等の製品をより安く提供する他社が出てくれば、乗り換えられてしまう可能性が高くなるからです。ここで重要なのは、**モノではなくコトを売るという発想の転換**です。

このモノ売りからコト売りへの転換の好例が、タイヤメーカー「ブリヂストン」の「TPP」（トータルパッケージプラン）です。トラックやバス事業者向けに、タイヤ供給だけでなく、**ゴムの貼り換えサービスやメンテナンスの提供までを、1つのパッケージとして請け負う**というサブスクリプションサービスです。顧客のタイヤの使用状況に合わせ、タイヤの種類やメンテナンス計画を最適化するなど、コンサルティングの側面も持つこのパッケージプランなら、顧客と買い切りの関係を超えて関わり続けることが可能になります。事実、人手不足でタイヤ整備に問題を抱えていた運送業者などに広く歓迎され、そのサービス継続率はほぼ100%を誇ります。

こうした**コトの価値を持つパッケージプランは、047で解説した経済合理性を算出しにくくする**点でもメリットがあります。単純なモノの価値であれば、他社の製品との比較による損得の計算がしやすくなりますが、このような独自性の高いコトの価値は比較しにくいため、他社に乗り換えられるリスクを減らすことにつながるのです。

コト売りを成功させたブリヂストンのTPP

●従来のタイヤ販売

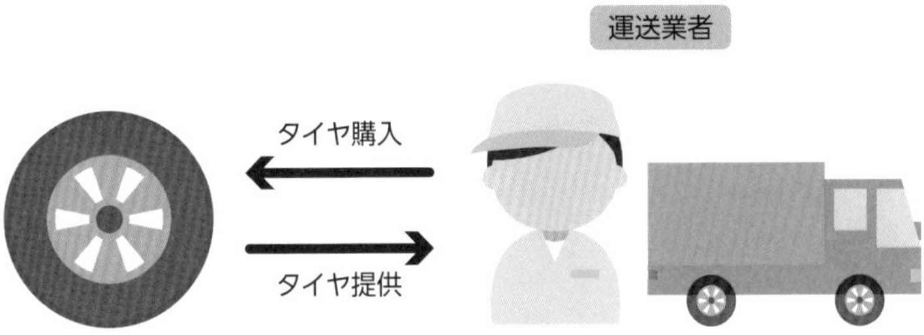

モノをそのつど売るだけで顧客との関係は浅い

●TPP

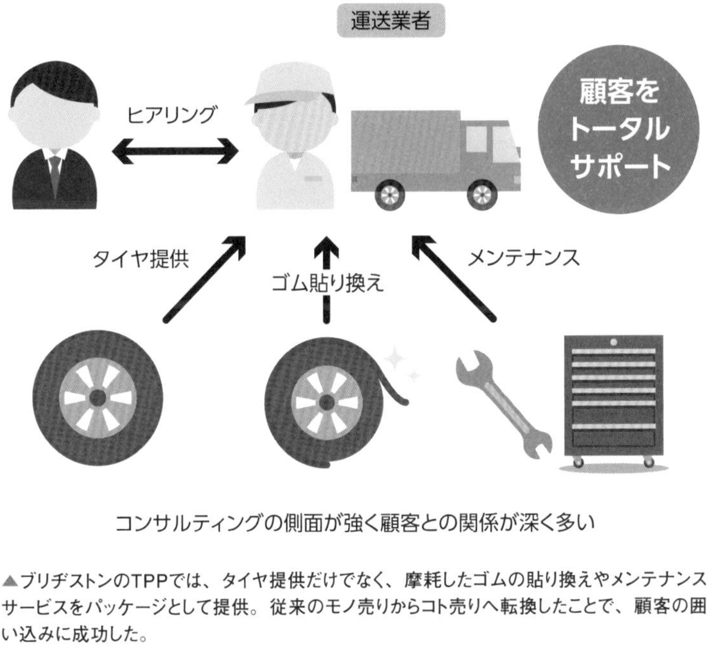

コンサルティングの側面が強く顧客との関係が深く多い

▲ブリヂストンのTPPでは、タイヤ提供だけでなく、摩耗したゴムの貼り換えやメンテナンスサービスをパッケージとして提供。従来のモノ売りからコト売りへ転換したことで、顧客の囲い込みに成功した。

060

トライアル期間やオウンドメディア運営で認知を高める

新しいサービスの場合は新規顧客獲得にも注力したい

BtoBビジネスにおいては、まず既存顧客のエンゲージメント強化を考えるのが原則ですが、**これからビジネスを展開する場合や、あまり馴染みのないサービスの場合、新規顧客の獲得を優先しなければならない**ケースもあります。その場合は、まずサービスの認知度を高めるところから始めなければなりません。

まず効果的なのが、**無料でのトライアル期間の設定**です。企業向けサービスの場合は月額払いでもそれ相応の料金が必要になり、未知のサービスをいきなり契約することに対する心理的なハードルは決して低くありません。そのため始めは無料で実際に利用してもらい、サービスの価値を認識してもらうことが肝心です。この際、**なるべくサービスの価値を実感できる程度のトライアル期間を設ける**ことがポイントです。また、1カ月など短期間から契約できたり、短期解約の違約金を少額にしたりして、解約のしやすさをアピールすると効果的でしょう。

ブログなどのオウンドメディアや業界誌を活用することも、認知を高めるうえで効果的です。たとえば、人材サービス企業「ネオキャリア」の人事業務プラットフォーム「jinjer」は、人事情報を発信するオウンドメディアを運営することで、見込み客との接点を増やすことに成功しました。ここでのポイントは、**自社サービスのアピールに終始するのではなく、ニーズの高い人事情報全般を中立的に発信し、継続的に幅広く読者を増やした**ことです。

サービスの認知拡大で見込み客を取り込む

トライアル期間の設定

●トライアル期間なし　　●トライアル期間あり

▲未知のサービスに長期契約することに対しては抵抗感が高い。無料のトライアル期間があり、かつ短期で解約できるプランであれば、未知のサービスであっても契約へのハードルはぐんと下がる。

オウンドメディアで情報発信

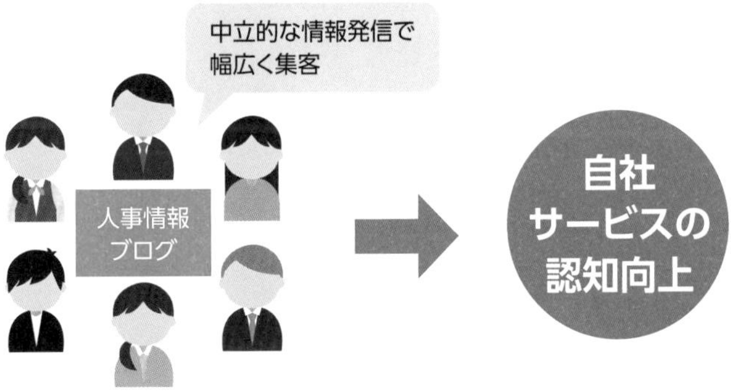

▲オウンドメディアでサービスに関連する情報を発信すれば見込み客を集客できる。自社サービスに限らず情報を幅広く中立的に扱い、より多くの読者を獲得することがポイントだ。

061

販売代理店を活かしてサブスクリプションを卸し売る

既存の販路を放棄せずに有効活用すべき場合も

011で解説したように、販売代理店などの中間業者を省き、利用者によりダイレクトに製品やサービスを販売できるようになることは、サブスクリプション化の1つのメリットです。ただし、この中間業者が取り持っていた販路と営業ノウハウを1から構築するにはかなりの投資と時間が必要になります。とりわけ製造業などのBtoBビジネスの場合、顧客当たりの契約に重みがあるため、**営業体制の新築は容易ではありません**。

そのため、販路と営業ノウハウを持つ販売代理店などの中間業者を、サブスクリプションビジネスにおいても維持したほうがよいケースがあるのです。**販売代理店の備える利用者との深い関係性こそ、サブスクリプションビジネスのベースになる大切な要素**であり、これを安易に放棄することは得策ではありません。ここで重要になるのが**サブスクリプションサービスの卸し売り**という発想です。自社から利用者に至るまでの従来の販路をそのまま維持したうえで、サブスクリプションサービスそのものを販売代理店に卸し売り、販売代理店がさらに利用者にサブスクリプションサービスを提供するというしくみであれば、企業内外からの抵抗も少なくスムーズにサブスクリプション化が実現できるでしょう。

ただしこの際、最終的な利用者の情報が自社に届かなければ、サブスクリプションビジネスの好循環は生まれません。そのため、販売代理店にも連動するサブスクリプションツールを持たせ、**利用者からのフィードバックが自社に届くようにすることが大切**です。

サブスクリプションを卸し売るしくみ

コピーサービスのサブスクリプション化の例

●従来の販路

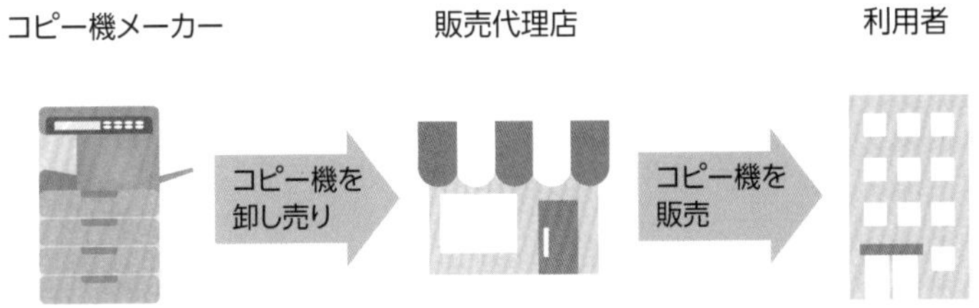

●サブスクリプションの卸し売り

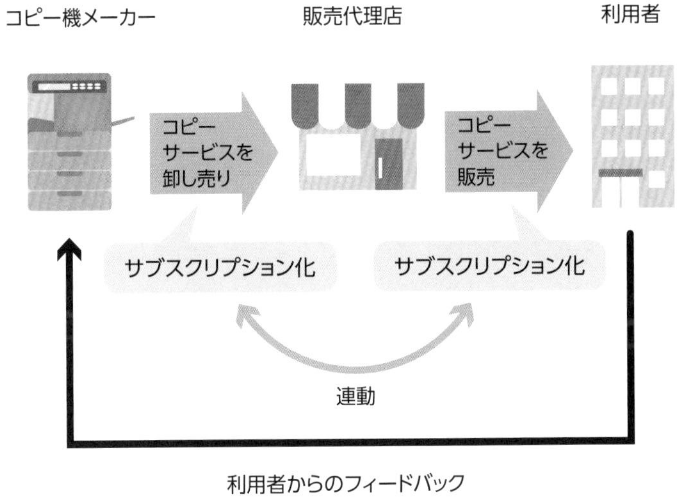

▲サブスクリプションサービス自体を販売代理店に卸し売ることで、販売代理店の持つ利用者とのつながりが活かされる。利用者から自社にデータがフィードバックされるようにし、サブスクリプションビジネスの改善につなげていきたい。

Column

「SMARTサブスクリプション」とは

サブスクリプションビジネスの普及に努める株式会社サブスクリプション総合研究所は、新時代のサブスクリプションとして「SMARTサブスクリプション」を提唱しています。これは、連続性（Sequential）、相互性（Mutual）、変質性（Alterative）、即応性（Responsive）、転用性（Transformable）の頭文字から名付けられたもので、これら5つの要素がこれからのサブスクリプションに求められるとされています。

「連続性」は購買行動を連続的に引き起こす性質のことで、契約継続はもちろん、クロスセルやアップセルなどにつなげていくためにも重要です。「相互性」はデジタルのタッチポイントなどを介して利用者と双方向でつながる性質のことで、ニーズの分析や購買行動の促進に欠かせません。「変質性」はモノ売りからコト売りへの転換など、サブスクリプション化によるビジネスモデル自体の変質を指しています。「即応性」は利用者とのより直接的なつながりにより、サービスを利用者に最適化できることを意味しています。最後の「転用性」は、サブスクリプションサービスの運用により得たデータから、さらに新しいサービスにつなげていくことを指しています。

これら5つの要素のすべてを備えている必要はありませんが、いくつかを備えていれば、サブスクリプションビジネスはより効果的に機能していくことでしょう。いい換えれば、これらの要素を含まない単純な旧世代のサブスクリプションではなかなか通用しないほど、日々サブスクリプション市場は進化し続けているのです。

Chapter 7

新たな価値へ!　進化するサブスクのかたち

062
既存の勢力図を塗り替えるサブスクリプション情勢

BtoBビジネスやSaaSが上昇傾向にある

2019年に行われた、株式会社マクロミル・翔泳社（MarkeZine）の共同調査（『MarkeZine 40号』翔泳社）により、サブスクリプションサービスの利用経験者が46.3%にものぼっていることが明らかとなりました。また、矢野経済研究所の調査（出典：矢野経済研究所プレスリリース「No.2114」）では、サブスクリプションサービスの国内市場規模は2018年度ですでに5,627億3,600万円に達しており、2023年度には8,623億5,000万円にもなると予測されています。**サブスクリプション市場がますます拡大していくことは、もはや疑いない**でしょう。

では、今後どのような分野で成長が見込まれるのでしょうか。ティエン・ツォほか著『サブスクリプション』（ダイヤモンド社）によると、2017年3月までの1年間のサブスクリプション企業の成長率は、BtoB企業で23%、BtoC企業で18%です。すでにかなり普及しているBtoCビジネスよりも、**BtoBビジネスのほうがこれから伸びる市場**と考えられるでしょう。ただし、個人と企業の両方にサービスを提供しているBtoA（Business to Anyone）企業の成長率は11%に留まっていることから、個人と企業の両方を相手にすることの難しさがうかがわれます。**双方を別々に認識し、それぞれに最適な方法でビジネスを展開する必要性**が示唆されているといえるでしょう。また同書では業界別の分析も行っていますが、オンラインソフトウェアを扱うSaaSが23%という突出した成長率を見せています。今後も**デジタル性の高いビジネスで普及が進みそう**です。

成長するサブスクリプション市場の注目ポイント

BtoA企業の成長は限定的

サブスクリプション企業の成長率

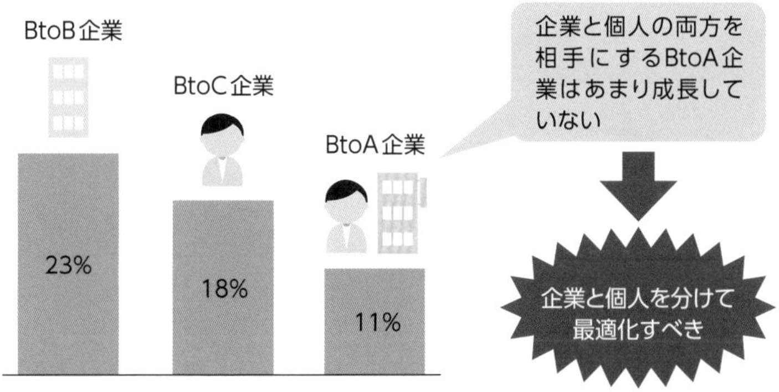

出典：ティエン・ツォほか著『サブスクリプション』ダイヤモンド社

▲BtoB企業の成長率は23%と、BtoC企業の18%を上回り、今後大きく成長しそうだ。企業と個人の両方を相手にするBtoA企業の成長率は11%と限定的。企業と個人を別物と捉えた最適化戦略が必要か。

SaaSの成長率が突出している

サブスクリプション企業の業界別の成長率

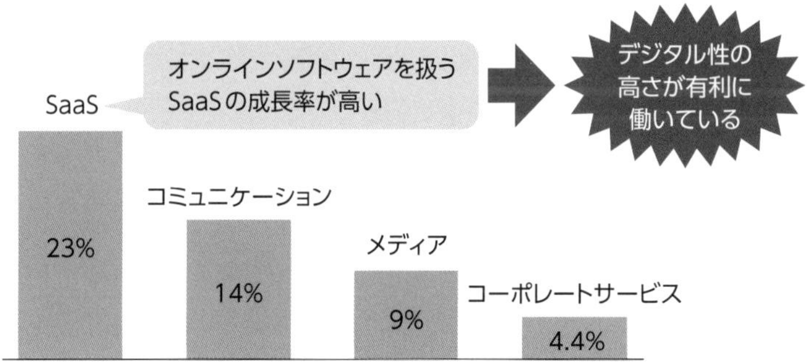

出典：ティエン・ツォほか著『サブスクリプション』ダイヤモンド社

▲オンラインソフトウェアを扱うSaaSの成長率は23%と、ほかの業界を圧倒している。収益率や顧客満足度を向上させるデジタル性の高さが有利に働いていると考えてよいだろう。

063

サブスク市場でも消費者の予算の獲得競争が激化

サブスクリプション大手でも油断できない情勢に

サブスクリプション市場は拡大の一途を辿っていますが、これは必ずしもサブスクリプションが成功しやすいということを意味するわけではありません。**サブスクリプションに参入する企業が増えれば増えるだけ、競合他社との競争も激しくなる**からです。

こうした競争の激しさを物語る顕著な例が、米国でミールキットの販売を手がける食料品大手「ブルーエプロン」です。ミールキットとは食料品をレシピとあわせて送り届けるサービスであり、ブルーエプロンはこのサービスをいち早くサブスクリプション化して大きく成長しました。しかし、**参入障壁が低いシンプルなビジネスモデルということもあり競合他社が続々と参入して2017年を境に収益が悪化**し、マーケティング費の削減を余儀なくされたことで、顧客を大幅に減らすなど苦戦してしまいます。サブスクリプションの先陣を切った大手企業であっても油断できないほど、市場内で消費者の予算の獲得競争が激化しているのです。

また日本では、AOKIのスーツレンタルサービス「suitbox」がわずか半年で終了してしまいました。20代～30代をターゲットとしていたものの、買い切りビジネスでの主要顧客である40代が利用者の中核になり、**買い切りビジネスと自社競合の状態**になってしまったのです。さらに、利用者の多様なニーズを満たすには**自社既製品の流用だけでは間に合わず、運用コストが想定以上に膨らんだ**ことも撤退の大きな理由です。既存の買い切りビジネスとの両立の難しさを物語る一例といえるでしょう。

失敗例から学ぶサブスクリプションの難しさ

シンプルなビジネスでは競合が多くなりやすい

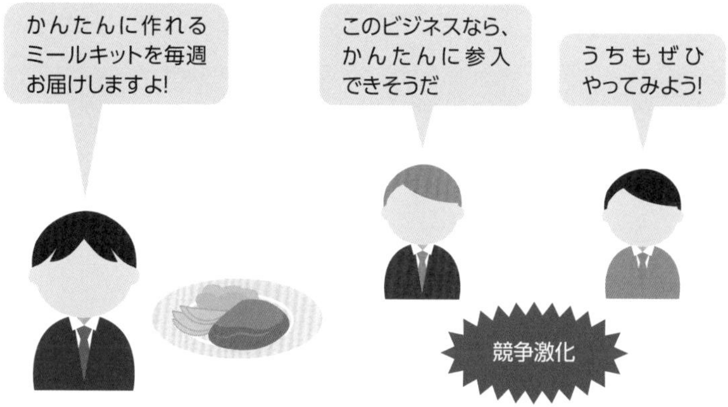

▲シンプルなビジネスモデルは参入障壁が低いため、成功例を目の当たりにした他社がこぞって参入してくるケースは多い。ここで単純な値下げ競争に発展すれば収益が低下し、マーケティング費を少なくせざるを得なくなる。経済合理性を算出しにくいビジネスモデルにして価格競争から抜け出したい。

既存の買い切りビジネスとの両立も難題

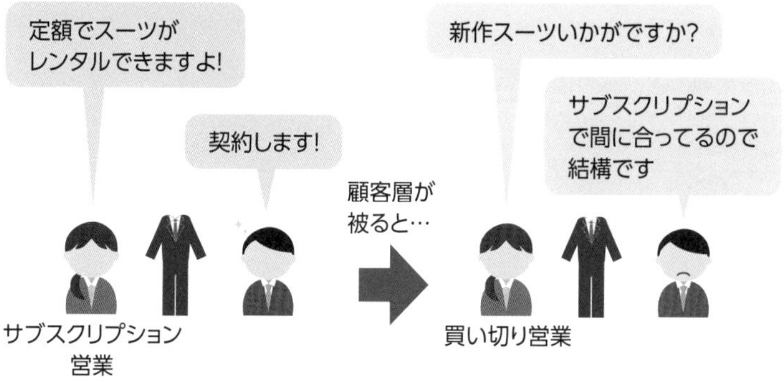

▲既存の買い切りビジネスも併存させる場合、顧客層が被ると顧客の取り合いになってしまう。そのため、明確に別の顧客層をターゲットにするか、買い切りビジネスからサブスクリプションビジネスへの転換を目指す必要がある。

064
パーソナライズの強化で独自の無形価値を提供する

AIを駆使したサービスのカスタマイズが重要に

これからのサブスクリプション市場で重要になるのは「パーソナライズ」です。これは**利用者それぞれのニーズや性格に合わせて、サービスを利用者独自のものに最適化する**ことを意味します。こうした利用者ごとのカスタマイズのない画一的な製品・サービスでは、競争力を保てなくなっていくでしょう。

画一的な製品の代表例は、定額制のオンラインソフトウェアです。誰に対しても同じ製品が提供され、月額料金も変わりません。このような製品では競合製品との比較がしやすく、**同等の機能を備える競合製品がより安く登場した場合、値下げ以外に競争力を維持する方法はあまりありません**。他社が真似できないレベルの製品でもない限り、画一的な製品・サービス提供には限界があるのです。

パーソナライズされた製品・サービスなら、競合他社との単純な比較はできません。利用者のニーズや性格に合わせたソリューションの価値は、経済合理性が算出されやすいモノではなくコトだからです。ただし、こうしたパーソナライズが普及すれば、今度はその**パーソナライズの質の競争**が生まれるでしょう。そこで重要になるのがAIの活用です。**AIを利用すれば、膨大な数の利用者のニーズを正確に捉え、最適なソリューションを提供することが可能になる**からです。AIの学習にはビッグデータが必要なため、タッチポイントのデジタル化や顧客情報の収集量も大きなポイントになります。そこからチャーン率低下のための導線の改善や、顧客の購買データをもとにしたレコメンドなども可能になります。

パーソナライズの重要性とAI活用

画一的なサービスでは競争力不足に

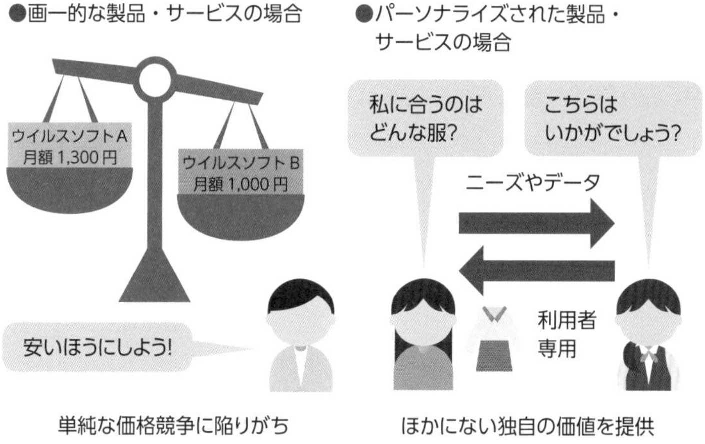

▲画一的な製品・サービスでは、同等の競合製品・サービスに対抗するためには基本的には値下げせざるを得ない。一方、利用者専用のソリューションを提供するパーソナライズされた製品・サービスなら、単純な比較ができず顧客満足度も高い。

AIの活用でパーソナライズが加速する

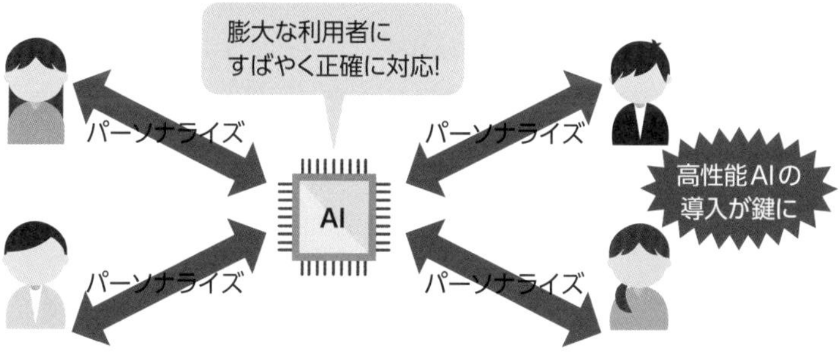

▲人力でのパーソナライズには質・量ともに限界がある。しかしAIを駆使すれば、どれだけ利用者が多くとも、ニーズやデータを正確に分析して最適な対応が可能。今後はAIの質の競争も加速しそうだ。

065
モノからコトへ、そして新たな価値へ

新たな価値への変質はチャンスであり脅威

これまでに解説してきたように、サブスクリプションビジネスの最前線では、単純なモノ売りをコト売りへと転換することが重要になってきています。このとき、ビジネス自体がサブスクリプション化によって新しい形態へと大きく変質しているといえますが、この変質はゴールではありません。**コト自体のさらなる変質によって新しい価値が生み出される**可能性がそこに秘められているからです。これは利用者からのフィードバックによるサービスのマイナーチェンジという次元のものを指しているのではありません。ビジネスの構造自体の移行をともなう、大きな次元での変質です。

こうした変質の好例として、レジシステムの変遷が挙げられます。従来は、買い切りやレンタルによって提供される物理的なPOSレジが、各小売店で利用されていました。しかし近年は、このPOSレジ機能をクラウド上で扱えるクラウド型POSレジが普及しています。この時点でモノからコトへの変質が起こっているといえますが、レジシステムはそこからさらに進化を遂げ、**QRコードなどによるスマートフォン決済という新しいサービスが、第3の価値として登場**しました。

こうした第3の価値への変質は、顧客満足度を上げる意味ではチャンスです。ただし、これまでのサービスと大きく異なるため、**どの企業にとっても参入のスタートラインが同じになるという意味では脅威**です。莫大な資金を擁する大手企業が参入すれば、業界地図は瞬く間に一変してしまうでしょう。

サブスクリプションの変質は一度きりではない

サブスクリプションの3段階

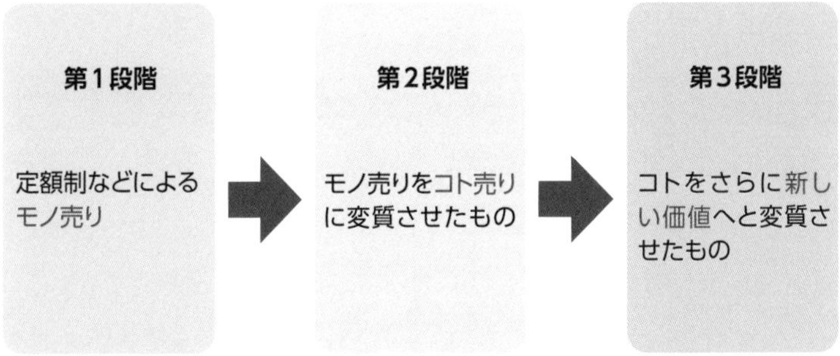

▲モノ売りからコト売りへ変質するだけがサブスクリプションではない。デジタルトランスフォーメーションにより、提供されるコトがさらに新しい価値へと変質することで、ビジネスの構造自体がまったく新しいものへと移行することも起こり得る。

新たな価値のチャンスとリスク

▲従来のサービスを刷新する新たな価値をものにできれば、顧客満足度は大幅に向上し、飛躍的に収益を上げることも可能だ。ただし、サービスの変質が大きければ大きいほど従来のノウハウが通用しなくなり、別業界の大手企業でも参入しやすくなる。

066
サービスどうしの連携でスムーズな利用が可能に

サービス単独では実現できない新たな価値へ

現在のサブスクリプション市場は、基本的には各業界の各社がそれぞれ独自にサービスを展開している段階です。しかしこのペースでサブスクリプションサービスが社会に浸透して定着していけば、こうした各社のサービスが単独で利用者に提供できる価値は、遠からずある種の上限に達してしまうでしょう。そのため、その先に待ち構える未来では、**サービスどうしをかけ合わせることによる、新たな価値の創出が次々と繰り広げられる**可能性が高いはずです。

このサービスどうしの連携を想定したサービスの代表例が、022でも取り上げたMaaSです。このMaaSは、電車、バス、飛行機、タクシーなど、**本来別々のサービスを1つのサービスに統合することで、目的地へのシームレスな移動という新たな価値を創出する**ものです。この構想は例としては壮大すぎるきらいがありますが、より身近なレベルでイメージすれば、サービス間の連携・統合は現実味を帯びて見えるでしょう。たとえばエンターテインメント業界では、楽曲や映画、ゲームなどのデジタルコンテンツが、各社から別々のサービスとして提供されていますが、これらが連携して1つのサービスとして統合されれば、支払いも利用もよりスムーズになるはずです。また、すでに住宅業界では、2019年3月にサービスを開始した賃貸住宅サービスの「OYO LIFE」が、家具や家電、ファッションなどの各種サブスクリプションサービスと相次いで提携し、**生活関連サブスクリプションサービスの一種のプラットフォーム化を模索**しています。

サービスをかけ合わせて新たな価値を創出

MaaSによる新たな価値

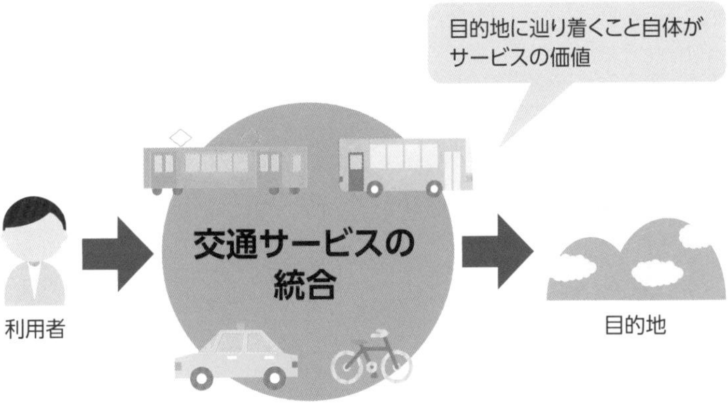

▲これまでの交通サービスはそれぞれを個別に利用することが価値だった。それらのサービスをかけ合わせたMaaSでは、個々の交通サービスを利用することではなく、目的地まで移動すること自体がサービスの価値と位置付けられる点で画期的だ。

OYO LIFEのサブスクリプション「OYO PASSPORT」

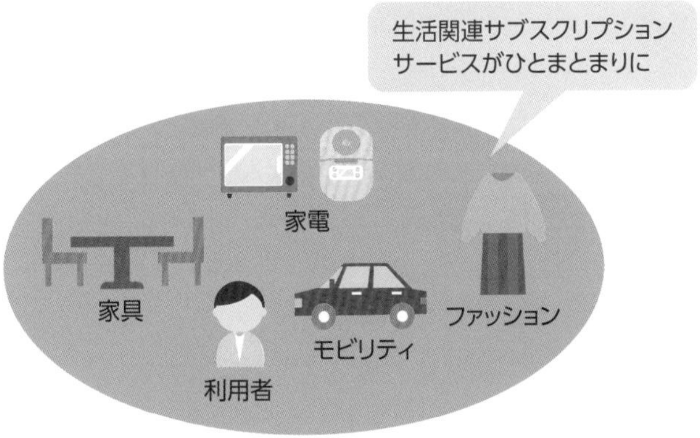

▲OYO LIFEでは、自社の賃貸住宅の入居者向けから開始したサブスクリプションサービス「OYO PASSPORT」を提供。このサービスでは、家具や家電、モビリティやファッションなど、生活関連のサブスクリプションサービス100種類以上が利用可能だ。

067
ライフスタイルに合わせたサービス群の最適化へ

サービスの組み合わせをAIがパーソナライズする

現時点では、サブスクリプションサービスを5つでも利用している人は、かなりサブスクリプションサービスを活用しているほうだといえるでしょう。しかし各業界で各種のサブスクリプションサービスがさらに展開されていくと、いずれは**誰でも何十というサービスを同時に利用することが当たり前になる**かもしれません。そのように多種多様なサブスクリプションサービスが生活に複雑に絡み合っている段階に到達すれば、サービスの利用料が出費の大部分を占め、節約のため各種サービスの停止・再開をくり返すようになることでしょう。また、製品やサービスの注文･返却などの手配に日々追われるに違いありません。

こうした世界を想定すると、各種のサブスクリプションサービスを統合管理する、もう1次元上に位置するサブスクリプションサービスが必要とされる可能性は十分にありそうです。それはすなわち、**利用者一人一人のライフスタイルや嗜好に合わせて、サービス群の費用対効果を最適化し、各種手配を自動化する、総合パーソナライズサービス**にほかなりません。そのためには、モバイル端末やIoT家電、クレジットカード履歴などによって利用者の詳細な生活情報を収集し、それをAIによって分析して、膨大なサービスとその手配の組み合わせから最適解を導くシステムが必要になるでしょうが、こうしたテクノロジーも各分野で着々と整いつつあります。サブスクリプションがもたらすパラダイムシフトは、もうすぐそこにまで来ているのかもしれません。

サービス群を総合的にパーソナライズする未来

サービスの組み合わせを最適化

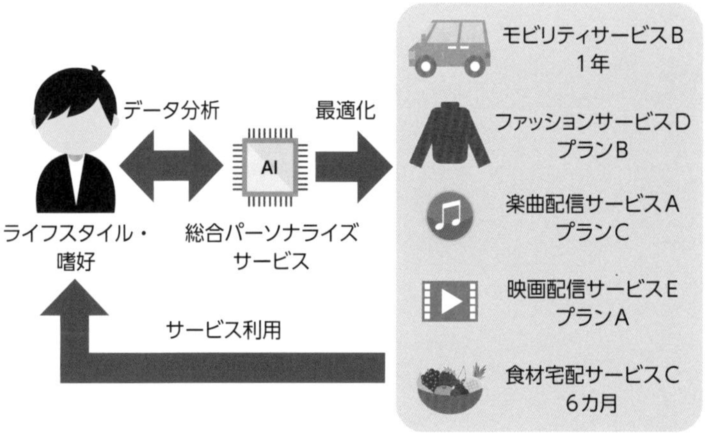

▲利用者のライフスタイルや嗜好などのデータをモバイル端末やIoT家電などから収集して分析し、費用対効果が最適なサービスの組み合わせを提案。それらの利用データをさらに分析し、サービスの組み合わせを最適化し続けていく。

各種サービスの手配を自動化

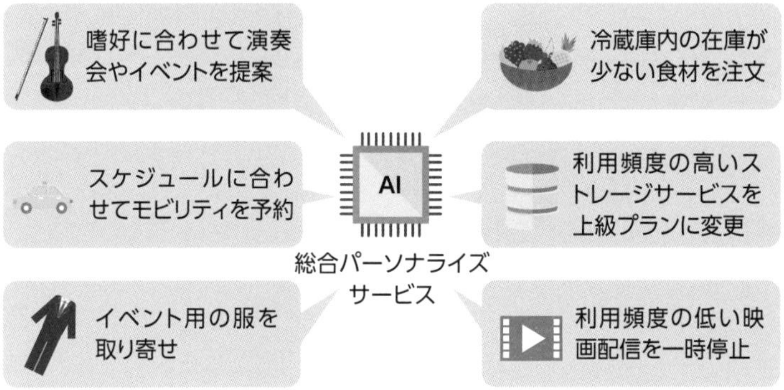

▲利用者のスケジュールや各種サービスの利用状況などを踏まえ、サービスの提案や注文、プラン変更などの手配をリアルタイムで自動的に行ってくれる。

サブスクリプション関連企業リスト

IT **Apple Inc.** URL https://www.apple.com/	iPhoneやApple Watchなどのモバイル機器や関連ソフトウェアの開発元。6,000万曲以上の楽曲が聴き放題になる「Apple Music」など、関連サービスのサブスクリプション化に力を入れている。
IT **Adobe Systems Co., Ltd.** URL https://www.adobe.com/	クリエイティブ系ソフトウェアの老舗。業界に先駆けて、PhotoshopやIllustratorなどをサブスクリプションで提供する「Adobe Creative Cloud」を導入。代表的な成功例となる。
IT **Microsoft Corporation** URL https://www.microsoft.com/	Windowsなどソフトウェアの開発元。ソフトウェアサブスクリプションの黎明期に、買い切りソフトウェア「Microsoft Office」をサブスクリプション化した「Office 365」の提供を開始し、話題を集める。
IT **Dropbox, Inc.** URL https://www.dropbox.com/	クラウドサーバー上にデータを保存し、ほかの端末と共有できるオンラインストレージサービスを提供。無料プランのほか、定額制のビジネスプランも複数展開している。
IT **Amazon.com, Inc.** URL https://www.amazon.com/	世界最大のECサイトを運営。電子書籍サービス「Kindle」の開発元としても有名。2016年から定額制の電子書籍読み放題サービス「Kindle Unlimited」を提供開始。電子書籍のサブスクリプション市場を牽引している。
通信 **株式会社NTTドコモ** URL https://www.nttdocomo.co.jp/	携帯電話・スマートフォンの販売や通信サービスを手がける業界大手。「パケ・ホーダイ」や「dマガジン」をはじめ、数々のサブスクリプションサービスを業界に先駆けて提供してきた。
映像 **Netflix, Inc.** URL https://www.netflix.com/	全世界190ヶ国以上で、映画やドラマなど映像コンテンツのストリーミング配信サービスを提供している。定額制の映像見放題サービスの先駆けとして知られ、高い顧客満足度を誇る。
映像 **Hulu** URL https://www.hulu.com/ https://www.hulu.jp/	テレビ局や映画会社と共同で設立され、映像コンテンツのストリーミング配信サービスを提供。日本では日本テレビ放送網の傘下となり、テレビ番組との連携を強めている。
音楽 **スポティファイ・テクノロジー** URL https://www.spotify.com/jp/	スウェーデン発の音楽ストリーミングサービス「Spotify」を運営。日本では2016年よりサービス開始。無料会員でも全楽曲を聴取できることで人気を博した。
マスメディア **The New York Times Company** URL https://www.nytimes.com/	アメリカの老舗新聞「ニューヨーク・タイムズ」を配信。競合他社に先駆けて電子版をサブスクリプションで提供し、新たな顧客層を開拓。巧みなデジタル戦略で年々購読者を伸ばしている。

マスメディア **Scribd Inc.** URL https://www.scribd.com/	電子書籍や電子雑誌、オーディオブック述べ100万タイトル以上が読み放題になる定額制サービスを提供。2018年にニューヨーク・タイムズと提携し、サービスを強化。
家電 **Dyson Limited** URL https://www.dyson.co.jp/ https://www.dysontechnologyplus.com/	世界で初めてサイクロン式の掃除機を開発・製造。2018年から、高級家電として知られる自社製品を格安価格で利用できるサブスクリプションプラン「Dyson Technology +」を提供している。
家電 **iRobot Corporation** URL https://www.irobot.com/ https://www.irobot-jp.com/robotsmartplan/	世界初の家庭用お掃除ロボット「ルンバ」を開発したことで知られる。2019年、自社製品を格安価格で好きなだけ利用できるサブスクリプションプラン「Robot Smart Plan」の提供を開始した。
ファッション **Stitch Fix, Inc.** URL https://www.stitchfix.com/	手ごろな価格でトレンドのファッションをレンタルできる、ファッションサブスクリプションの先駆け。AIパーソナルスタイリストがコーディネートを提案してくれることが特徴。
ファッション **株式会社エアークローゼット** URL https://www.air-closet.com/	国内最大級のファッションサブスクリプション「airCloset」を提供。幅広いシーンで着回しできる実用的なコーディネートに定評がある。実店舗でもスタイリング体験が可能。
ファッション **株式会社グラングレス** URL https://grangress.co.jp/ https://www.rcawaii.com/	スタイリストが選んだ服をレンタルできるファッションサブスクリプション「Rcawaii」を運営。普段着に加え、着物、ドレス、バッグまで豊富に取り揃えており、会員数は8万人を超えている。
ファッション **株式会社レナウン** URL https://www.renown.com/ https://kirudake.e-shop.renown.com/	スーツ専門ファッションサブスクリプション「着ルダケ」を提供するアパレルメーカー。シェア式の競合サービスとは異なり、セミオーダー式を採用。若者を中心に人気を博す。
ファッション **ラクサス・テクノロジーズ株式会社** URL https://laxus.co/	全57の高級ブランドのバッグをレンタルできるファッションサブスクリプション「Laxus」を運営。2019年10月、国内大手アパレル企業、ワールドの子会社となり、サービスを強化。
コスメ **楽天株式会社** URL https://corp.rakuten.co.jp/ https://raxy.rakuten.co.jp/	ECモール「楽天市場」などを運営する楽天グループの中核企業。2016年10月より、登録された顧客情報をもとにおすすめのコスメを選定・配達するコスメサブスクリプション「RAXY」の提供を開始した。
コスメ **株式会社アイスタイル** URL https://www.istyle.co.jp/ https://www.cosme.net/bloombox/	ビューティーアドバイザーがセレクトした有名ブランドコスメのサンプルが届くサブスクリプション「BLOOMBOX」を運営。割引クーポン配布など、企画力に定評がある。

サブスクリプション関連企業リスト

コスメ **My Little Box株式会社** URL https://www.mylittlebox.jp/ https://www.mylittlebox.fr/	パリ発のコスメ・雑貨サブスクリプション「My Little Box」の日本法人。日本では2013年よりサービスの提供を開始。全世界8万人以上の会員を有する人気サービスに成長している。
モビリティ **パーク24株式会社** URL https://www.park24.co.jp/ https://share.timescar.jp/	駐車場サービス「タイムズ」を運営。所有する全国1万箇所以上のステーションを活用し、いつでも自動車をレンタルできるカーシェアリング「タイムズカーシェア」を展開して成功。
モビリティ **MaaS Global** URL https://whimapp.com/	世界初のMaaSサービスアプリ「Whim」を開発・運営するフィンランドの企業。現在、ヘルシンキをはじめ3都市でサービスを運用。2020年には日本でも運用を開始する予定。
モビリティ **MONET Technologies株式会社** URL https://www.monet-technologies.com/	MaaSの実現を目指す、ソフトバンクとトヨタ自動車による合弁会社。のちにホンダ・日野自動車とも資本業務提携。ビッグデータ・AI・最新技術を組み合わせたMaaSプラットフォーム「MONET」を開発中。
モビリティ **トヨタ自動車株式会社** URL https://toyota.jp/ https://kinto-jp.com/	大手自動車メーカー。2018年より、任意保険、自動車税、定期メンテナンス込みで自社の車を格安レンタルできるサブスクリプション「KINTO」の提供を開始。モビリティーサービス企業への転換を模索。
モビリティ **株式会社ブリヂストン** URL https://www.bridgestone.co.jp/	世界最大手のタイヤメーカー。2015年、タイヤのレンタル・メンテナンスをパッケージとしたBtoB向けサブスクリプション「TPP」の提供を開始。再生事業の観点からも注目されている。
航空 **Surf Air** URL https://www.surfair.com/us/	アメリカ・カリフォルニアに本拠地を置く航空会社。業界初となる飛び放題サービスを開始したことで話題に。現在では、ヨーロッパの主要10都市でもサービスを提供している。
食品 **ネスレ日本株式会社** URL https://www.nestle.co.jp/ https://shop.nestle.jp/front/contents/ambassador/amb/	食品メーカー「ネスレ」の日本法人。飲料やコーヒーマシンなどの開発・販売・レンタルを行う。コーヒーマシンのレンタルサービス「ネスカフェ アンバサダー」を提供。
食品 **株式会社三光マーケティングフーズ** URL https://www.sankofoods.com/	全国50以上の店舗を展開する居酒屋チェーン「金の蔵」を運営。月額4,000円で120分毎日飲み放題になるサブスクリプションサービス「プレミアム飲み放題定期券」を提供し、話題を集めた。
食品 **株式会社フードリヴァンプ** URL http://www.yaroramen.com/	関東の人気ラーメンチェーン「野郎ラーメン」を運営。ラーメン業界では初となる、毎日1杯ラーメンを食べられるサブスクリプションサービス「1日一杯野郎ラーメン生活」を提供。

食品 **インスタイル株式会社** URL https://instyle.consulting/ https://provision-tokyo.com/	経営コンサルティング企業。経営する六本木の高級フレンチレストラン「Provision」では、料理やワインを何度でも飲食できるサブスクリプションサービスを提供し、一躍話題に。
インテリア **株式会社subsclife** URL https://subsclife.com/	有名ブランドの家具を、格安料金でレンタルできるサブスクリプションサービスを提供。テーブル・ソファなどの大型家具もレンタル可能。最新の家電を対象にした新サービスも開始。
インテリア **47インキュベーション株式会社** URL https://47inc.jp/ https://www.kagg.jp/	オフィス家具販売サイト「Kagg.jp」を運営。2019年8月より、10万点以上のオフィスチェアを格安価格でレンタルできるサブスクリプションサービス「Kaggレンタル」を提供開始。
習い事 **株式会社ネイティブキャンプ** URL https://nativecamp.co.jp/ https://nativecamp.net/	24時間365日学習できるオンライン英会話のサブスクリプションサービス「ネイティブキャンプ」を運営。2019年秋には、世界累計利用者数30万人を突破。右肩上がりの成長を続けている。
習い事 **株式会社スクルー** URL https://skuroo.net/	ビジネスコンペ「TechCrunch Tokyo 2017スタートアップバトル」で注目を集めたスタートアップ企業。自宅周辺にある子ども向けの習い事・アクティビティを定額制で提供する「スクルー」を運営。
建設機械 **株式会社小松製作所（コマツ）** URL https://home.komatsu/jp/ https://smartconstruction.komatsu/	業界シェア1位の建設機械メーカー。自社開発の建機やIoTシステムを組み合わせた建機サービス「スマートコントラクション」をサブスクリプションで提供し、成功を収めている。
人材サービス **株式会社ネオキャリア** URL https://www.neo-career.co.jp/ https://hcm-jinjer.com/	人材紹介サービスを提供。2016年1月より、人事管理、勤怠管理、経費管理、給与管理を一元化したシステム「jinjer」をサブスクリプションで提供。8,000社以上が登録している。
不動産 **OYO TECHNOLOGY & HOSPITALITY JAPAN株式会社** URL https://www.oyolife.co.jp/	インドで急成長のホテル運営ユニコーン企業OYOが日本に設立した法人。同社が運営する賃貸住宅サービス「OYO LIFE」は、日本の生活関連サブスクリプション事業者100社以上と提携した「OYO PASSPORT」を提供。
プラットフォーム **ビープラッツ株式会社** URL https://www.bplats.co.jp/	トヨタ自動車のKINTOをはじめ、多くの国内企業のサブスクリプションプラットフォーム開発・支援を行う。サブスクリプションの普及に努める株式会社サブスクリプション総合研究所も運営。
プラットフォーム **株式会社ストアフロント** URL https://storefront.co.jp/ https://subsclamp.com/	プラットフォーム開発が難しい個人事業主や中小企業を対象に、手軽にサブスクリプションサービスを提供・決済できるプラットフォーム「SubscLamp」を運営。

Index

■ 問い合わせについて

本書の内容に関するご質問は、下記の宛先までFAXまたは書面にてお送りください。なお電話によるご質問、および本書に記載されている内容以外の事柄に関するご質問にはお答えできかねます。あらかじめご了承ください。

〒162-0846
東京都新宿区市谷左内町21-13
株式会社技術評論社　書籍編集部
「60分でわかる！　サブスクリプション」質問係
FAX：03-3513-6167

※ご質問の際に記載いただいた個人情報は、ご質問の返答以外の目的には使用いたしません。
また、ご質問の返答後は速やかに破棄させていただきます。

60分《ぷん》でわかる！　サブスクリプション

2020年2月18日　初版　第1刷発行

著者	リンクアップ
監修	株式会社《かぶしきがいしゃ》サブスクリプション総合研究所《そうごうけんきゅうじょ》　宮崎琢磨《みやざきたくま》
発行者	片岡　巌
発行所	株式会社　技術評論社
	東京都新宿区市谷左内町21-13
電話	03-3513-6150　販売促進部
	03-3513-6160　書籍編集部
編集	リンクアップ
担当	和田　規
装丁	菊池　祐（株式会社ライラック）
本文デザイン・DTP	リンクアップ
製本／印刷	大日本印刷株式会社

定価はカバーに表示してあります。

造本には細心の注意を払っておりますが、万一、乱丁（ページの乱れ）や落丁（ページの抜け）がございましたら、小社販売促進部までお送りください。送料小社負担にてお取り替えいたします。

ISBN978-4-297-11131-1　C2036

Printed in Japan